AF234016

DESCRIPTION

HISTORIQUE ET CRITIQUE

ET VUES

DES MONUMENTS RELIGIEUX ET CIVILS LES PLUS REMARQUABLES

DU DÉPARTEMENT DU CALVADOS,

BATIS DANS LES SIÈCLES DU MOYEN AGE ET CEUX DE LA RENAISSANCE,

JUSQU'AU RÈGNE DE LOUIS XIV EXCLUSIVEMENT.

PAR

T. DE JOLIMONT,

EX-INGÉNIEUR, AUTEUR DE PLUSIEURS OUVRAGES SUR LES MŒURS ET LES MONUMENTS DU MOYEN AGE, CORRESPONDANT DE L'ACADÉMIE DES SCIENCES, BELLES-LETTRES ET ARTS DE CAEN, DE LA SOCIÉTÉ LIBRE D'ÉMULATION DE ROUEN, DE CELLE DES ANTIQUAIRES DE NORMANDIE, ET AUTRES SOCIÉTÉS SAVANTES.

DÉDIÉ

A M. LE COMTE DE MONTLIVAUT,

CONSEILLER D'ÉTAT, GENTILHOMME ORDINAIRE DE LA CHAMBRE DU ROI, PRÉFET DU DÉPARTEMENT DU CALVADOS.

Prospectus.

LE Recueil des Monuments du département du Calvados sera composé au moins d'environ cent sujets soigneusement lithographiés, et d'un texte descriptif, critique et historique, de vingt à vingt-cinq feuilles d'impression, format in-4°, papier Jésus satiné.

Les dessins offriront un choix des monuments les plus intéressants, religieux ou civils; châteaux, maisons de plaisance, etc., bâtis depuis l'établissement des Normands dans cette contrée, jusqu'au règne de Louis XIV exclusivement. Ces monuments seront représentés sous diverses faces, et avec les détails ou développements nécessaires à l'étude de l'art.

Dans un discours préliminaire, l'auteur retracera succinctement l'histoire monumentale du département, en se conformant, autant que possible, au programme proposé sur ce sujet par l'académie de la ville de Caen en 1821.

Ce recueil des monuments du Calvados sera publié en trois cahiers, dont le premier est seul consacré aux monuments de la ville de Caen.

On peut souscrire pour tout l'ouvrage, ou seulement pour ce premier cahier.

On ne paie rien d'avance, mais en recevant chaque cahier.

Le prix de la souscription est de 30 fr. par cahier, papier ordinaire, et 45 fr. papier vélin, épreuves sur papier de Chine, le port en sus.

Le premier cahier, qui forme à lui seul un ouvrage complet, pris séparément, se paiera 40 fr., papier ordinaire, et 55 fr., papier vélin, épreuves sur papier de Chine.

On souscrit:

À PARIS, chez FIRMIN DIDOT PÈRE ET FILS, rue Jacob, n° 24;
————— chez l'AUTEUR, rue Charlot, n° 13;
————— chez BOSSANGE PÈRE, rue de Richelieu, n° 60;
————— chez BOSSANGE FRÈRES, rue de Seine, n° 12;
————— chez REY ET GRAVIER, quai des Augustins, n° 55;
————— chez Me BROSSIER, au Dépôt de la Lithographie, quai Voltaire, n° 7;
A CAEN, chez MANCEL, libraire.
A ROUEN, chez les principaux libraires.

NOTA.

Ce premier cahier doit être composé de dix feuilles de texte et de TRENTE-SIX SUJETS lithographiés, au lieu de VINGT-CINQ, annoncés dans un premier prospectus publié en 1823.

Le texe complet et vingt-deux sujets sont provisoirement livrés aux Souscripteurs; le surplus leur sera fourni gratuitement dans un très-court délai.

Il sera également fourni, avec le dernier cahier :

Le discours préliminaire d'une ou deux feuilles d'impression, annoncé dans le Prospectus;

Une table des titres;

Une table alphabétique des matières;

Et un index pour la classification des planches dans le corps de l'ouvrage.

DESCRIPTION

HISTORIQUE ET CRITIQUE

ET VUES

DES MONUMENTS RELIGIEUX ET CIVILS LES PLUS REMARQUABLES

DU DÉPARTEMENT DU CALVADOS,

BÂTIS DANS LES SIÈCLES DU MOYEN AGE ET CEUX DE LA RENAISSANCE,
JUSQU'AU RÈGNE DE LOUIS XIV EXCLUSIVEMENT

PAR

T. DE JOLIMONT,

CORRESPONDANT LAUREAT DE PLUSIEURS SOCIÉTÉS SUR LES MŒURS ET LES MONUMENTS DU MOYEN AGE ;
COLLABORATEUR DE L'ANCIEN DÉP. DE NORMANDIE, MEMBRE CORRES. ET PLUSIEURS CORP. DE LA SOCIÉTÉ LIBRE D'ÉMULATION DE ROUEN
ET MEMBRE DES ANTIQUAIRES DE NORMANDIE ET AUTRES SOCIÉTÉS SAVANTES.

DÉDIÉ

A M. LE COMTE DE MONTLIVAULT,

CONSEILLER D'ÉTAT, GENTILHOMME ORDINAIRE DE LA CHAMBRE DU ROI,
PRÉFET DU DÉPARTEMENT DU CALVADOS.

Premier Cahier

PARIS,

IMPRIMERIE ET LIBRAIRIE DE FIRMIN DIDOT,
IMPRIMEUR DU ROI, RUE JACOB, N° 24.

1825.

DESCRIPTION

HISTORIQUE ET CRITIQUE

ET VUES

DES MONUMENTS RELIGIEUX ET CIVILS LES PLUS REMARQUABLES

DU DÉPARTEMENT DU CALVADOS.

DE L'IMPRIMERIE DE FIRMIN DIDOT, RUE JACOB, N° 24.

DESCRIPTION

HISTORIQUE ET CRITIQUE

ET VUES

DES MONUMENTS RELIGIEUX ET CIVILS LES PLUS REMARQUABLES

DU DÉPARTEMENT DU CALVADOS,

BATIS DANS LES SIÈCLES DU MOYEN AGE ET CEUX DE LA RENAISSANCE,
JUSQU'AU RÈGNE DE LOUIS XIV EXCLUSIVEMENT

PAR

T. DE JOLIMONT,

EX-INGÉNIEUR, AUTEUR DE PLUSIEURS OUVRAGES SUR LES MŒURS ET LES MONUMENTS DU MOYEN AGE,
CORRESPONDANT DE L'ACADÉMIE DES SCIENCES, BELLES-LETTRES ET ARTS DE CAEN, DE LA SOCIÉTÉ LIBRE D'ÉMULATION DE ROUEN,
ET MEMBRE DES ANTIQUAIRES DE NORMANDIE ET AUTRES SOCIÉTÉS SAVANTES.

DÉDIÉ

A M. LE COMTE DE MONTLIVAULT,

CONSEILLER D'ÉTAT, GENTILHOMME ORDINAIRE DE LA CHAMBRE DU ROI
PRÉFET DU DÉPARTEMENT DU CALVADOS.

PARIS.

IMPRIMERIE ET LIBRAIRIE DE FIRMIN DIDOT
IMPRIMEUR DU ROI, RUE JACOB, N° 24.

1825.

À M. le Comte

De Montlivaut

Préfet du Département du Calvados.

Monsieur le Comte,

L'intérêt éclairé que vous prenez à tout ce qui peut être utile au Département que vous administrez vous a fait souvent devancer les vœux des amis des arts & de ceux qui aiment à lire dans les vieux édifices de leur patrie de respectables traditions et d'intéressants souvenirs. Déjà, par vos ordres, des monuments ont été restaurés, des recherches ont été faites et des récompenses ont été votées. Mais, il appartient aux Magistrats de veiller à la conservation de ces richesses nationales, et d'appeler sur elles l'attention des Savants, il appartient à l'Artiste d'en crayonner les vestiges, à l'Historien, de les décrire et de raconter les faits qui s'y rattachent. J'ai osé entreprendre cette double tâche. Votre suffrage, Monsieur le Comte, est pour moi la plus douce récompense et la garantie du succès. Veuillez donc agréer l'hommage de ce Recueil; et, en me permettant de le publier sous vos auspices, ne trouver ici que l'acquit d'une dette et l'expression de ma vive reconnaissance.

Je suis avec respect,

Monsieur le Comte,

Votre très-humble & très-obéïssant
Serviteur,
T. de Jolimont.

PRÉLIMINAIRE.

Comme la plupart des anciennes cités qui ont quelque célébrité, la ville de Caen a eu ses historiens; ceux-ci, nés ou habitants dans le lieu même, ont soigneusement recueilli et nous ont transmis tout ce qui pouvait piquer la curiosité sur les faits, les personnages et les localités, soit de l'époque où ils vivaient, soit des siècles précédents. Leurs écrits, loin d'offrir, comme presque tous ceux de ce genre, de fréquentes répétitions et de fastidieuses compilations les uns des autres, se recommandent au contraire par une espèce d'intérêt différent. Chacun des auteurs s'est plus particulièrement attaché à traiter certaines parties qu'il affectionnait davantage ou qu'il croyait plus dignes de remarque.

C'est ainsi que Charles de Bourgueville, sieur de Bras, magistrat et homme instruit, qui avait vécu sous les règnes brillants de François Ier et d'Henri II, et qui plus qu'octogénaire écrivait dans un temps si fertile en événements, nous a conservé, sur les mœurs, les usages, les cérémonies civiles et religieuses, les siéges et les faits les plus mémorables, une foule de traditions anciennes, de détails extrêmement curieux qui, sans lui, seraient peut-être aujourd'hui inconnus, et qu'il raconte avec d'autant plus de complaisance, qu'il en fut souvent non-seulement le témoin oculaire, mais encore y prit une part active. Vers le même temps, Jacques de Cahaignes, docteur en médecine, paya aussi un tribut honorable à sa patrie, en conservant, dans un ouvrage intitulé *Elogia civium Cadomensis*, la mémoire des hommes illustres de la ville de Caen. Au commencement du XVIIe siècle, le célèbre Huet, évêque d'Avranches, l'un des hommes les plus érudits de son temps, entreprit une nouvelle histoire de la ville de Caen; il s'attacha particulièrement à la topographie, aux origines des lieux, des institutions, des établissements, et à l'étymologie des noms. Enfin M. l'abbé de la Rue, savant non moins recommandable, et qui a su puiser d'immenses documents dans des sources la plupart probablement inconnues à ses devanciers, a publié récemment, sous le titre d'*Essais historiques sur la ville de Caen*, une réfutation de quelques erreurs échappées à M. Huet, des idées neuves, une critique judicieuse, des éclaircissements sur plusieurs points incertains, des particularités intéressantes sur les mœurs, sur les fondations religieuses, les établissements civils, et beaucoup de faits qui appartiennent à l'histoire moderne de la ville de Caen (1).

D'après le nombre et l'importance de ces ouvrages, il semble qu'il ne reste rien à dire sur la ville de Caen; mais il n'est point de champ si bien moissonné où l'on ne trouve toujours à glaner, et sans parler de tout ce que pourraient encore offrir de curieux et d'instructif de nouvelles recherches dans les immenses dépôts de manuscrits, de chartes et d'actes du temps, soit que beaucoup de choses aient été négligées par les historiens, ou qu'elles leur aient échappé, il est un objet non moins intéressant dont aucun d'eux ne s'est occupé: c'est la description

---

(1) On peut ajouter à cette liste un grand nombre de mémoires, de dissertations et de pièces détachées, disséminées dans divers ouvrages, ou publiées isolément.

des monuments et des édifices qui tiennent une place si importante dans l'histoire d'une ville, leur rapport avec les faits mémorables qui s'y rattachent, enfin l'examen critique des défauts, des beautés, et des variations de l'art dans les différents siècles.

Mais il faut avouer que ces descriptions auraient été souvent insuffisantes sans le secours des planches, et souvent fautives par le peu de connaissances qu'on avait alors de la science des antiquités du moyen âge; cette lacune restait donc à remplir. Nous y aurons satisfait en offrant ici, non une nouvelle histoire de la ville de Caen, mais un recueil de dessins exacts de ses principaux monuments vus sous divers aspects et accompagnés de notices rédigées dans le but que nous venons d'indiquer.

Heureux si nous avons rempli utilement le cadre que nous nous sommes tracé.

MONUMENTS

LES PLUS REMARQUABLES

DE LA VILLE DE CAEN,

BÂTIS DANS LES SIÈCLES DU MOYEN ÂGE ET DE LA RENAISSANCE.

ORIGINE DE LA VILLE DE CAEN. — SA SITUATION. — ANCIENNES
FORTIFICATIONS. — CHATEAU.

La puissance colossale des Romains dans les Gaules était parvenue, vers
le VIe siècle, au terme d'une rapide décadence; les mœurs, le courage,
et les institutions dégénérées de ces vainqueurs du monde, n'offraient
qu'un faible obstacle aux fréquentes invasions des peuples du Nord, qui
inondaient alors les rivages de la Neustrie: peuples inconnus, conquérants
nouveaux, d'autant plus redoutables qu'on ne voyait point parmi eux
ces phalanges mercenaires arrachées avec peine de leurs paisibles foyers
et traînées sur les pas d'un chef ambitieux, mais des nations entières
volontairement exilées du sol natal par les besoins d'une population trop
nombreuse, et cherchant sur une autre terre l'existence ou la mort.
Déjà les somptueuses cités des *Bajocaces*, des *Lexoviens*, des *Vidu-
casses* (1), et plusieurs autres dont le temps découvre chaque jour des

(1) Villes de la Gaule Armorique fondées ou reconstruites par les Romains; aujourd'hui *Bayeux*, *Lisieux* et *Vieux*. Ces villes et les territoires dont elles étaient le chef-lieu sont cités par Pline, Ptolémée, Antonin, Peutinger, etc.; et les découvertes de leurs ruines, faites dans les deux derniers siècles et tout récemment encore, ont démontré leur existence. On peut consulter sur ces découvertes les ouvrages de l'abbé Le Beuf, de Caylus, les Mémoires de l'académie royale des Inscriptions, ceux de l'Institut, de l'académie des Sciences, Belles-Lettres et Arts de Caen, etc.

vestiges qui en attestent la richesse et l'étendue, avaient succombé sous le fer destructeur des nombreuses colonies saxonnes, qui, après tant d'invasions, s'établirent enfin au milieu des ruines qu'ils avaient amoncelées.

Ces peuples, trop souvent calomniés et moins barbares qu'on ne le pense (1), mais alors accoutumés à une vie sauvage et laborieuse, durent mépriser d'abord le luxe des Romains, et faire peu d'estime des sublimes productions de leurs sciences et de leurs arts. Des temples de marbre, des palais voluptueux, des gymnases, des théâtres, convenaient peu à des hommes endurcis par tous les genres de privations, uniquement occupés du soin de pourvoir à leurs besoins, et de s'affermir dans un pays nouvellement envahi. Aussi presque partout les voit-on quitter des lieux jonchés de fûts de colonnes, de statues mutilées, pour choisir, sur le bord des fleuves, près du rivage de la mer, des situations plus propres à leur industrie, à leur commerce. Ils s'y mettent à l'abri, dans des fortifications grossières autour desquelles ils groupent les habitations de leurs familles ; bientôt ces villages rustiques, insensiblement agrandis à mesure que les habitants sont plus paisibles possesseurs de leurs conquêtes, forment des villes : et telle est sans doute l'origine de celle de Caen ; tel est du moins, au milieu des systèmes divers que le silence de l'histoire et l'incertitude des traditions ont fait naître, celui qui nous paraît le plus justement accrédité et qu'il nous est permis d'adopter.

Mais, si quelque obscurité enveloppe encore l'histoire primitive de la ville de Caen, nous connaissons du moins celle de ses rapides accroissements. Au VIIe siècle, saint Regnobert, apôtre des Saxons dans cette contrée, y fonda plusieurs églises (2). En 944, elle est désignée à Louis-d'Outremer comme une ville riche et populeuse (3). Sous les ducs normands qui y firent souvent leur résidence, on cite, dans un acte du XIIe siècle, ses monuments, son port, sa douane, ses marchés (4); et

(1) Ces peuples étaient civilisés, avaient des lois fort sages, et une connaissance des sciences et des arts appropriée à leurs mœurs et à leurs usages.

(2) Rob. Cenalis Gallicæ Hist., fol. 156.

(3) Chron. Norm.

(4) Dacherii Spicilegium, vol. 1.

Guillaume le Breton, poète et historien du XIII° siècle, la décrit
ainsi (1) :

> Villa potens, opulenta, situ spaciosa, decora
> Fluminibus, pratis et agrorum ferditate;
> Merciferasque rates portu capiente marino, etc.

Non moins importante depuis la conquête de Philippe-Auguste, cette
ville a conservé jusqu'à nos jours, dans les invasions étrangères, dans les
troubles civils comme dans la paix, le rang distingué que lui assurent
son heureuse situation (2), le nombre et la beauté de ses monuments,
la fidélité de ses habitants, l'énergie de leur caractère, leur industrie, et
particulièrement ce goût constant pour les sciences et les lettres auxquelles ils ont consacré dans tous les temps des établissements remarquables qui ont fourni à la France savante tant d'hommes illustres en
tout genre (3).

De simples retranchements en palissades; un double fossé environnant
une enceinte où, dans des souterrains et des huttes grossièrement
construites, étaient renfermés avec le peuple soldat les armes, les

(1) Philipp. liv. 8.

(2) Dans un pays sain et fertile, à trois lieues de la mer, au milieu d'une belle
vallée arrosée par le cours des rivières de l'Orne et de l'Odon qui s'y divisent en
plusieurs canaux, et qui, navigables au point de leur réunion, y forment un beau port.

(3) Les sciences, les arts et les lettres étaient en honneur à Caen dès le X° siècle.
Les écoles de saint Lanfranc, d'Arnould, de Thibaud d'Étampes, furent depuis, suc-
cessivement célèbres. Robert Wace nous apprend que de son temps, c'est-à-dire dans
le commencement du XI° siècle, on envoyait, de plusieurs points éloignés, des jeunes
gens faire leurs études à Caen, et que lui-même y vint de l'île de Jersey où il était né.
Le droit civil et le droit canonique commencèrent à être professés à Caen en 1308, ou
cite, à la cour des rois de France de cette époque, plusieurs médecins célèbres sortis de
la ville de Caen. Divers collèges établis depuis jusqu'à nos jours y ont produit un grand
nombre d'élèves distingués; son université, fondée au commencement du XV° siècle et
dissoute en 1792, ne fut pas moins illustrée par le mérite de ses membres et l'excellence
de ses doctrines, que par la fermeté avec laquelle elle défendit dans tous les temps les
droits de l'autel et du trône. Enfin c'est à Caen que prirent naissance les jeux poétiques
du palinod, où s'exercèrent tant d'aimables poètes; et cette ville fut une des premières
qui aient possédé des bibliothèques publiques, et au sein de laquelle se soit formée une
académie.

provisions et les richesses communes, furent sans doute les premières fortifications d'une ville bâtie par des hommes dont l'état encore précaire ne leur permettait que de former des établissements passagers. Ce fut sur la pente et la partie la plus élevée du coteau situé au nord du confluent de l'Orne et de l'Odon, et probablement sur l'emplacement actuel du château, que s'élevèrent ces primitives constructions; elles s'étendirent insensiblement sur toute la surface du coteau, et formèrent cette partie ancienne de la ville que les habitants désignent communément sous le nom d'*ancien Caen* (1), qui paraît avoir été, jusqu'au temps du duc Guillaume, moins connue comme place de guerre que comme une ville marchande et de commerce.

Ce prince, pour assurer la tranquillité de ses états et se défendre des entreprises de ses rivaux, fit entourer le premier cette ville de fortifications régulières; elle devint dès-lors une des principales de la Normandie, et la seconde capitale de la province. Chacun des siècles suivants vit considérablement agrandir son étendue, augmenter ses remparts, accroître ses établissements avec sa population, et elle fut souvent le théâtre d'événements remarquables. Mais au milieu de ces agitations des peuples, de ces troubles intérieurs, de ces révolutions morales et physiques qui changent périodiquement la face des empires, tantôt dévastée par le fer ennemi,

(1) Cette ancienne ville de Caen comprenait les paroisses de Saint-Étienne-le-Vieux, du Saint-Sauveur, de Notre-Dame, de Saint-Pierre, et de Saint-Georges-du-Château. Elle avait cinq portes, et du côté des prairies elle ne s'étendait pas au-delà du bras de l'Orne qui passe sous le pont Saint-Pierre, sur lequel pont aboutissait un chemin qui traversait la prairie, appelé *voie lemovicine* (aujourd'hui rue Saint-Jean), parce qu'elle conduisait de l'Hiémois au Bessin; les deux côtés de cette rue se trouvèrent insensiblement bâtis, et formèrent par la suite une nouvelle ville ou un nouveau quartier, qui fut réuni à l'ancienne ville et fortifié, en 1104, par le duc Robert. Cette ville fut prise en 1346 par Édouard III, et ses fortifications trop faibles presque entièrement détruites. On en éleva bientôt de nouvelles qui depuis, à diverses époques, furent considérablement augmentées. (Voir les différentsplans de la ville de Caen; celui de Belleforest dans sa Cosmographie, le plus ancien de tous; de Tassin, en 1633; de Mérian, dans la Topographia Galliæ, vol. 3, 1657; de Gomboust, fait par ordre de la ville, 1666; de Bignon, 1672; de Defer, 1705; de Labonde, ***; et enfin celui de Leclerc, en 1818; plus les Ant. de Caen par de Bras, liv. II; les Origines de Caen par Huet, chap. 8; Essais hist. sur Caen par l'abbé de La Rue, t. I, pages 42, 51, etc.)

tantôt reconstruite et embellie par les soins des ducs, des gouverneurs, des magistrats ou des citoyens généreux, il serait difficile, et il n'entre point dans notre plan, de décrire les diverses métamorphoses que cette ville a subi dans la longue série de siècles qui s'est écoulée. Le peu de vestiges épargnés par la lime du temps, et qui bientôt n'existeront plus, indique à peine aux curieux la trace de ses murailles, de ses tours, de ses portes, de ses fossés, remplacés aujourd'hui par des constructions modernes, des établissements de commerce, des maisons de plaisance et de riantes promenades. A l'aspect imposant de ses remparts redoutables a succédé le coup d'œil plus agréable, plus consolant peut-être, des habitations où règnent, avec la liberté, l'industrie et la paix ; mais les souvenirs glorieux ou pénibles et toujours précieux des siècles passés, aujourd'hui confondus dans l'oubli, sont presque effacés comme celui des monuments qui en furent le théâtre. C'est ainsi que l'antiquaire avide de retrouver dans une ville ancienne ces lieux mémorables, ces édifices antiques consacrés par l'histoire, a souvent des regrets à former ; du moins, mettant à profit jusqu'aux plus légers débris échappés à tant de genres de destruction, il se hâte de les recueillir, et s'estime heureux de les transmettre à la postérité.

Un petit nombre de tours maintenant isolées, des fragments de murailles (1) épars çà et là, sont donc, à l'exception du château, les seuls témoins qui nous restent de l'enceinte fortifiée de la ville de Caen. Quelque peu importantes que soient ces ruines en elles-mêmes, leur aspect pittoresque, quelques souvenirs, et ce sentiment, difficile à définir, attaché à tout ce qui porte l'empreinte de la durée des siècles, attirent encore sur elles les regards des curieux. Telle est la belle tour nommée *Guillaume-le-Roi* (pl. II), bâtie sur le bord de la rivière, non loin du

(1) De Bras, dans ses Recherches sur les antiquités de la ville de Caen, décrit avec beaucoup de naïveté et d'une manière très-pittoresque la forme et l'étendue de ces murailles et de ces remparts dont la plate-forme servait de son temps de promenade publique, et d'où l'on découvrait les plus magnifiques points de vue (Rech. et Ant. de la ville de Caen, liv. 2, p. 9 et 13.) M. Huet nous a laissé aussi une description fort détaillée des murs, remparts et portes de la ville de Caen, dans ses Origines de la ville de Caen, chap. 7 et 8.

chevet de l'église Saint-Pierre, à l'angle d'un mur qui faisait partie de l'ancienne enceinte de Caen. Elle correspondait à une autre située sur la rive opposée (1), et était destinée à défendre de ce côté l'entrée de la ville et du port (2). Son nom, ainsi qu'une tradition presque unanime, semblent autoriser à croire qu'elle fut construite par le duc conquérant, lorsqu'il entoura le premier la ville de murs; et le titre de roi, ajouté à ce nom, pourrait faire supposer qu'elle fut achevée à l'époque où ce prince prit possession du trône d'Angleterre. Ce monument, se rattachant ainsi à l'événement le plus important de l'histoire normande, nous offrirait un double intérêt, mériterait sans doute d'être conservé et décoré d'une inscription qui indiquât son origine. Telle est encore cette autre tour bâtie à la pointe orientale de la nouvelle ville ou de l'île Saint-Jean (3), désignée par d'anciens titres sous les noms de *tour Machard* et de *tour au Machachre* ou massacre (pl. 4). Si le premier de ces noms nous apprend celui du magistrat recommandable (4) qui la fit bâtir, et dont on désirerait sans doute retrouver les traits dans la statue qui surmonte la porte d'entrée, suivant l'opinion trop peu vraisemblable qui fait regarder cette statue comme son image (5); le second

(1) Appelée la *tour au Landais*, du nom d'une famille ainsi nommée qui possédait le fief sur lequel elle fut bâtie.

(2) Ce port était très-fréquenté dans les XIIᵉ, XIIIᵉ et XIVᵉ siècles. Lorsque l'île Saint-Jean fut bâtie et peuplée, il fut agrandi et prolongé le long des nouveaux murs jusqu'à la pointe où fut bâtie la tour Machard. La rivière, plus profonde qu'aujourd'hui, portait jusqu'au centre de la ville, et même jusqu'aux portes de l'abbaye Saint-Étienne, les vaisseaux marchands. Cette disposition de la rivière et la situation du port ont plusieurs fois changé. De nouveaux canaux ont été creusés, le cours de l'Orne redressé; et un nouveau port plus vaste et plus commode, dont les travaux entrepris dans le siècle dernier se continuent chaque jour, contribue à accroître le commerce maritime de la ville de Caen et à son embellissement. (Voir les ouvrages de MM. de Bras, Huet et de La Rue; les registres de l'hôtel-de-ville, etc.)

(3) Cette île fut formée par le duc Robert en 1104. (Voir ci-dessus, page 4, note 1, et les Origines de Caen, 2ᵉ éd. chap. 4.

(4) Renaud Machard, bailli de Caen en 1344.

(5) Rien ne prouve que cette statue, qui est tellement mutilée qu'on en peut à peine reconnaître le costume, soit, comme le dit M. de Bras, celle d'un maréchal dont le nom et l'existence sont inconnus, ni celle de Renaud Machard. On sait, au contraire, que

semble consacrer le souvenir d'un de ces événements toujours affligeants pour l'humanité, suite presque inévitable des fureurs de la guerre qui vouent à la mort le vaincu sans défense, quand sa résistance héroïque a trop long-temps irrité le vainqueur (1). La tour Machard ne fut pas seulement un point de défense dans les fortifications de la ville de Caen, elle servit encore long-temps à protéger les intérêts du commerce. Une chaîne, tendue du pied de cette tour au travers de la rivière, arrêtait les vaisseaux qui entraient dans le port ; et là se réglaient les droits de douane ou d'octroi imposés sur les marchandises (2).

Le château seul (pl. III), dont une grande partie a survécu aux siècles, est le reste le plus remarquable de l'ancienne splendeur militaire de la ville de Caen. La solidité de ses remparts a résisté aux temps et aux hommes, et ses fossés profonds creusés dans le roc pourraient encore en défendre l'accès. Bâti par Guillaume-le-Conquérant vers la fin du XIe siècle, sur les débris de fortifications plus anciennes dont parlent les chroniques, on croit reconnaître, dans certaines portions de sa disposition intérieure, dans sa situation sur la pente d'une colline et dans sa forme à peu près ronde, quelques traces des caractères presque exclusivement attribués aux constructions militaires des Saxons : caractères qu'un système différent n'a pas toujours détruits dans les édifices de ce genre bâtis par les Normands, surtout lorsque ceux-ci s'emparaient des lieux où leurs devanciers s'étaient fortifiés (3). Cette observation, qui

l'on décorait ordinairement la façade des portes des villes, des citadelles, des principales tours et de la plupart des édifices publics, de l'image de la Vierge ou de celle de quelque saint, sous la protection desquels on plaçait le monument ; et il est naturel de penser que la statue que l'on voit sur la tour Machard n'est point autre chose.

(1) Plusieurs habitants s'étant réfugiés dans cette tour, lors de la prise de la ville par Edouard, en 1346, y furent, dit-on, cruellement massacrés.

(2) Registres des octrois de la ville, cités par M. Huet.

(3) Comme c'est en Angleterre que les Saxons commencèrent à se répandre, c'est aussi dans cette contrée qu'on retrouve un plus grand nombre de vestiges de leurs anciennes constructions, et c'est aussi aux antiquaires anglais, qui les ont étudiées, que nous devons les documents les plus étendus sur ce sujet. Barleze, Camden, Verstengan, Joseph Strutt et beaucoup d'autres, ont fourni, dans leurs savants ouvrages, des descriptions curieuses et des dissertations, auxquelles nous renvoyons, comme aux sources auxquelles on pourra le plus sûrement puiser.

paraît avoir échappé aux savants qui ont disserté sur l'origine de la ville de Caen, ou avoir été trop légèrement indiquée, fournirait une nouvelle preuve que non-seulement les Saxons furent les fondateurs de la ville de Caen, mais encore que l'emplacement actuel du château fut le berceau de cette cité; et l'antiquité de ce monument, reculée ainsi jusqu'aux époques inconnues du moyen âge, ajoute, à nos yeux, un nouveau prix à sa conservation.

Mais c'est en vain qu'en parcourant l'enceinte du château de Caen, si pompeusement décrit par les historiens (1), nous aimerions à retrouver son aspect primitif. Comme tout ce qui est soumis au caprice des hommes, à l'inconstance des habitudes, à l'instabilité des institutions et des événements, cet aspect a fréquemment changé; et l'on y chercherait inutilement aujourd'hui des vestiges du palais des anciens ducs, tout revêtu de marbre précieux, selon le témoignage de quelques contemporains (2). Le lierre et les mousses recouvrent entièrement les fondements du Donjon (pl. IV), citadelle imposante, retraite impénétrable des assiégés, dont les sombres cachots firent plus d'une fois pâlir l'homme criminel, et qu'un acte insensé de l'autorité populaire a fait démolir dans nos derniers troubles civils (3). Nous ne retrouvons plus sur l'entrée principale les

(1) Voyez Robert Dumont, Froissard, Monstrelet, Alain Chartier, de Bras, etc.

(2) Raoul Tartaire, moine de l'abbaye de Saint-Benoît de Fleuri, qui écrivait au commencement du XIIe siècle, en parle comme témoin oculaire. Les successeurs de Guillaume y firent souvent leur résidence, et y donnaient des fêtes brillantes. Huet assure qu'on trouvait encore de son temps *sous terre*, des ruines de bâtiments dans le style du XIe ou XIIe siècle, et des puits.

(3) Le Donjon fut bâti par Henri Ier, fils de Guillaume-le-Conquérant. C'était une forte tour carrée, flanquée d'épais contre-forts, et entourée d'une enceinte de murailles, aux coins de laquelle étaient quatre autres tours rondes à plate-forme, cette citadelle avait ses fossés et ses remparts particuliers, et était regardée, ainsi que tout le château, comme imprenable. En 1346, Édouard, roi d'Angleterre, après s'être emparé de la ville, voyant la force du château, la fermeté et la fidélité du gouverneur et des troupes qui le défendaient, se retira et en abandonna le siège. *Castrum teneu, quod est fortissimum, non capit, quia non potuit.* (Guil. de Nangis.) Depuis le XIIe siècle jusqu'au XIVe, les tribunaux et les prisons étaient placés dans le Donjon de Caen; et on continua d'y renfermer jusqu'à nos jours les criminels d'état, et ceux dont la conduite pouvait déshonorer les familles. En 1793, on y avait enfermé le fameux Romme, auteur du calendrier républicain, et deux

emblèmes qui nous rappellent le règne glorieux du restaurateur des lettres (1); et nous comprenons à peine la description, que nous ont laissée les historiens, des chapelles, des hôtels, des maisons particulières qui remplissaient l'intérieur, et faisaient de ce château une espèce de ville isolée qui a eu long-temps son église paroissiale et presque une administration à part (2). Mais cette forteresse, ainsi dépouillée d'une partie de sa force et de ses ornements, a conservé encore une sorte d'appareil guerrier; et, considérée comme place frontière, elle est maintenue en état de défense. Cependant, si du haut des remparts le bronze fulminant fait soudain encore vibrer l'écho silencieux du vallon, il est consolant de penser que, comme tant d'autres fois, il n'est plus un signal d'alarme, et ne vomit point au loin, dans les rangs des assiégeants, la mort et l'effroi; seulement alors il annonce aux citoyens fidèles des jours d'allégresse et de paix.

autres députés envoyés avec lui. La Convention nationale, pour venger cet affront, ordonna que le donjon et le château de Caen seraient démolis; le décret était ainsi conçu : *Le donjon et le château de Caen, dans lesquels la liberté et la représentation nationale ont été outragées, seront démolis.* (Consulter, sur les sièges et prises du château de Caen, de Bras, Masseville, etc.)

(1) Le château de Caen fut augmenté ou réparé sous plusieurs rois de France, et notamment sous François Ier, qui fit réduire en plate-forme, à l'épreuve de la bombe, le haut du donjon, auparavant couvert d'un toit en tuiles, et y fit dresser des embrasures pour le service de l'artillerie; on lui doit aussi les boulevards devant les portes, et principalement ce qu'on nomme la Lunette, où l'on voyait en relief les Salamandres et la devise de ce prince. La porte principale de ce château a été reconstruite il y a peu d'années, sur un dessin moderne. Nous faisons voir seulement dans notre dessin, pl. III, la porte des Champs, dite de Secours, qui a seule conservé son aspect primitif.

(2) Ces divers édifices furent démolis en 1845, pour faire une place d'armes qui, selon M. de Bras, peut contenir, en ordre de bataille, cinq ou six mille hommes de pied et de la cavalerie. On y comptait jusqu'à six chapelles, dont il ne reste plus que deux; une seule, qui sert aujourd'hui d'arsenal, est remarquable par sa structure, qui remonte à l'origine du château, et parce qu'elle en fut long-temps la paroisse, sous le titre de Saint-Georges. On en trouve un dessin dans l'ouvrage de M. Cotman, sur les antiquités de la Normandie, ouvrage curieux et fort rare en France. L'Échiquier y tenait ses séances dans les XIe et XIIe siècles. (Voir, sur cette chapelle, les Essais historiques sur la ville de Caen, tome I, page 83 et suivantes.)

ABBAYE SAINTE-TRINITÉ.

Le duc Guillaume, affermi dans ses états par le succès constant de ses armes, voulut unir les myrtes aux lauriers; et choisit pour épouse Mathilde, fille de Baudoin, comte de Flandre. Cette alliance comble de joie ses sujets, et assure la paix entre deux états; cependant les envieux de la gloire du duc n'ont point déposé leur haine. Mathilde est proche parente de Guillaume; les dispenses canoniques n'ont point été réclamées: ils se hâtent de signaler cette infraction aux lois de l'Église; et Manger, archevêque de Rouen, fulmine l'excommunication contre son prince et son neveu. Mais Guillaume n'avait point d'ennemis dont il ne pût triompher; les intérêts de la religion et ceux de la politique s'accordent pour l'absoudre; et bientôt des établissements de charité en faveur des pauvres, et deux abbayes bâties dans la ville de Caen et dotées avec magnificence, expient sa faute, le réconcilient avec l'Église et lui assurent auprès du pape un puissant appui.

C'est à l'extrémité du faubourg Saint-Gilles, sur le haut du coteau qui domine la vallée, que fut élevée, au nom de Mathilde, la première de ces abbayes, sous le titre de Sainte-Trinité. Nous ne dirons point quelle fut son étendue et sa richesse territoriale; nous ne citerons point les chartes de fondation, les privilèges et les droits dont elle jouissait: ces détails ont aujourd'hui peu d'intérêt, et n'ont qu'un rapport indirect avec le but de cet ouvrage (1). Nous ne décrirons non plus ni la forme ni la position des anciens manoirs, des bâtiments claustraux, et de ce palais désigné par la tradition comme la demeure ordinaire de la pieuse fondatrice (2). Ces primitives constructions n'existent plus. Le changement de mode, un goût dominant pour le moderne, et certain désir d'afficher le luxe et l'opulence, qui s'empara tout à coup

(1) Consulter les divers ouvrages sur la ville de Caen déjà cités.

(2) L'estimable traducteur de l'ouvrage de Ducarel, intitulé *antiquités anglo-normandes*, a joint à la traduction un dessin des ruines de ce monument, et une note, p. 122.

des maisons religieuses vers la fin du XVIIe siècle, firent culbuter presque tous les anciens monastères, pour les réédifier dans un goût nouveau. Les églises seules furent la plupart conservées, ou moins mutilées; et de ce nombre celle de l'abbaye Sainte-Trinité nous offre encore, à peu près dans son entier, un beau modèle de la troisième époque de l'art dans le moyen âge, ou de l'architecture à plein cintre du XIe siècle, improprement appelée *romane* par les uns, et *normande* par les autres (1).

Le plan, en forme de croix latine, est régulier; et la structure, dans son ensemble, fournit sujet à une foule d'observations aussi curieuses qu'intéressantes pour l'histoire de l'art. La sévérité des lignes, la régu-

(1) Les bornes de cet ouvrage ne nous permettent pas d'ouvrir ici une discussion sur les transitions et les différences des styles de l'architecture dans le moyen âge, et sur les noms qu'il convient de leur donner. Cette partie de l'archéologie, encore peu approfondie, a donné lieu à une foule de systèmes et de dénominations, la plupart erronées, qui n'ont point éclairci ce sujet, sur lequel nous nous proposons de publier incessamment quelques documents nouveaux sous le titre de: *Recherches sur l'Architecture religieuse militaire et civile en Europe, depuis les Romains jusqu'à nos jours.*

Il nous suffit seulement d'indiquer ici que nous ne reconnaissons point d'architecture *normande*, en ce sens que les Normands n'ont point introduit dans l'art en Europe un style qui leur soit particulier. On pourrait leur attribuer, tout au plus, quelques variantes trop insignifiantes pour constituer un type. Bien différents des Maures, des Romains et des Saxons, qui apportèrent leurs arts et leurs mœurs dans les contrées qu'ils soumirent, les Normands adoptèrent tout ce qu'ils trouvèrent, jusqu'à la religion et en partie même le langage des peuples qu'ils avaient vaincus; ils firent souvent un mélange de ce qui leur était propre avec ce qu'ils empruntaient aux autres peuples, et ne furent point créateurs, surtout dans les sciences et les arts: si on leur doit quelques innovations, ce ne fut que comme législateurs. Nous n'admettons point non plus d'architecture *romane*, car on ne pourrait appeler ainsi que celle dont l'origine coïnciderait avec l'introduction du langage *roman* ou *romane* dans les Gaules: or, on sait que ce langage, comme son nom l'indique, prit naissance sous la domination romaine, et fut formé du celtique et du latin: il ne fut en usage que jusqu'au règne de Charlemagne, et pendant ce temps on ne connut que la manière de bâtir des Romains. L'architecture romane, s'il en existait, ne serait donc qu'un mélange de celtique et de romain, autrement de gallo-romain, et ce nom ne peut convenir aux monuments postérieurs au IXe siècle. Quelques écrivains ont encore avancé que l'art en ogive était né en Normandie, de l'intersection des cintres; d'autres, qu'il ne fut connu en France qu'après les croisades, sous le règne de saint Louis. C'est également une erreur: nous avons des exemples d'arcs en ogive dans les monuments égyptiens, et quelques-uns chez nous, antérieurs au XIIe siècle.

larité et les belles proportions du portail (1) (pl. V), les ornements des cintres de ce portail, et ceux des murs latéraux de la nef, évidemment d'origine saxonne (pl. VII), les mascarons ou corbeaux à figures chimériques qui couronnent le haut de ces murs (même planche), et l'abside ou chevet (pl. VI), sont à l'extérieur les parties qui méritent le plus d'attention (2). Dans l'intérieur, la nef (pl. VIII) offre une sorte de magnificence remarquable dans la disposition et l'élégance des galeries qui terminent les travées, et rappellent à beaucoup d'égards les constructions romaines (3). Le chœur (pl. IX) est peu spacieux, et l'extrême nudité des murs avait été recouverte, dans l'origine, d'une riche boiserie qui aura sans doute été enlevée. Le sanctuaire, élevé sur plusieurs rangs de degrés, est décoré d'un péristyle à double étage, de forme demi-circulaire, et surmonté d'une coupole peinte à fresque (4). Cette partie prin-

(1) Le portail formé par le pignon de la nef est flanqué de deux belles tours carrées, dont le couronnement, orné de consoles et de balustrades à jour, est du XVIIIe siècle ; et bien que l'effet n'en soit pas désagréable, il n'est point en harmonie avec le reste de l'édifice, et prouve le peu de goût de l'architecte. On ignore de quelle manière ces tours étaient primitivement terminées ; nous ne pouvons adopter, sans preuve, l'opinion qui suppose qu'elles ont été surmontées de flèches ou pyramides, et encore moins le motif futile que l'on donne de leur destruction. (*De Bras*, page 92 ; *Huet*, chapitre 14, p. 182, *De La Rue*, tome II, pages 23 et suivantes.) Nous pensons, au contraire, que le haut de ces tours était crénelé et en plate-forme, comme le sont encore en Angleterre les tours de presque toutes les anciennes abbayes, et cela paraîtra vraisemblable, en considérant qu'à cette époque la plupart des monastères, exposés aux insultes des gens de guerre, étaient fortifiés. (Voir ci-après.)

(2) Nous n'entrerons point dans les détails minutieux de chaque partie des monuments que nous décrirons ; ces explications, fastidieuses par la répétition des termes techniques, sont inutiles quand le lecteur a sous les yeux des dessins nombreux et fidèles, qui lui donnent des objets une idée beaucoup plus exacte que les descriptions les plus étendues, et il suffit d'indiquer aux curieux ce qui doit être plus particulièrement remarqué.

(3) Les bas côtés ou sous-ailes ne répondent point à la richesse de la nef, ont peu de largeur, et ne s'étendent pas en longueur au-delà de la croisée, avec laquelle même il n'y a aucune communication ; les jours y sont rares et étroits, et l'on n'y voit aucunes chapelles.

(4) Six colonnes forment chaque péristyle : celles du premier rang sont posées *in plano*, sans stylobate ni piédestaux ; celles du deuxième rang sont de même immédiatement posées sur les premières, et ces péristyles ne sont surmontés d'aucune espèce

cipale de l'église est d'un aspect noble et majestueux, et se distingue de tout ce qui est connu en ce genre par un caractère particulier. Mais si l'architecte, dans la disposition des lignes, nous a offert ici, comme aux travées de la nef, une réminiscence non moins heureuse du style romain, il faut avouer qu'il s'est soumis sans réserve au goût de son temps, dans la composition des chapiteaux des colonnes couverts de figures symboliques et d'ornements bizarres (pl. X), dans lesquels nous ne voyons presque toujours que des monstres et des Chimères, sans pénétrer l'intention de l'artiste, qui y cachait souvent des emblèmes mystérieux des croyances et des superstitions des peuples, ou des allégories ingénieuses des vices et des vertus. Ces chapiteaux fort bien conservés, malgré les épaisses couches de couleurs dont on les a plusieurs fois recouverts, sont de la plus haute curiosité (1).

d'entablements ni de corniches. Les entre-colonnements, qui ont près de trois diamètres de largeur, forment autant d'arcades à plein cintre, ornées de grecques, mais celles du rang supérieur sont légèrement surhaussées : le mur du fond est percé d'ouvertures régulières, qui correspondent à chaque arcade, et laissent agréablement pénétrer la lumière dans l'intérieur du sanctuaire.

(1) Ces sortes de chapiteaux sont rares en France, et l'ancienne Normandie est peut-être le pays où l'on pourrait en trouver un plus grand nombre; non qu'on puisse les attribuer exclusivement aux Normands, mais parce que les monuments y ont été mieux conservés. Ceux de l'abbaye Sainte-Trinité sont à quatre faces, mais offrent de fréquentes répétitions, que nous avons évitées dans notre dessin, planche X, en ne représentant que les sujets différents. Ainsi, quoique l'on ne voie dans ce dessin qu'une ou deux faces de chaque chapiteau, elles suffisent pour le faire connaître en entier; puisque les faces opposées sont régulières semblables. M. Cotman, dans son recueil intitulé *Architectural antiquities of Normandy*, n'a publié que huit de ces chapiteaux, auxquels il n'a pas à tous conservé la forme régulière qu'ils ont sur la place, et dont une bonne copie lithographiée a été ajoutée à la traduction des Antiquités anglo-normandes de Ducarel, par M. Lechaudé, Caen, Mancel, 1823. Nous n'essaierons point ici de donner une explication des sujets variés que présentent ces chapiteaux; mais il suffira, pour confirmer l'opinion que ces reliefs renferment un sens caché, d'indiquer comme exemple qu'un d'eux, placé dans notre dessin au milieu du premier rang des chapiteaux de la première galerie, offre un emblème frappant de la théorie fondamentale du manichéisme : représente-t-il qu'on le trouve sur un grand nombre de monuments indiens, deux Chimères, placées face à face, en contact immédiat et s'opposant réciproquement une résistance égale, figurent les deux principes du bien et du mal, qui, selon ce dogme, régissent le monde, et que Zoroastre appelle Oromaze et Arimane. Ils ont une forme partie humaine

Enfin les ornements à facettes ou polyèdres réguliers qui décorent les voussoirs des arcs latéraux de la croisée dans les tribunes (pl. II), et ceux de l'arc qui surmonte l'entrée de la nef, ne sont pas la partie la moins remarquable de l'intérieur de l'église Sainte-Trinité, et prouvent, dans ce monument comme dans beaucoup d'autres, que les architectes de ce temps ne puisaient pas seulement aux sources fécondes que leur avaient léguées les Romains, et dans les conceptions bizarres récemment importées par les peuples du Nord, mais encore qu'ils empruntèrent volontiers certaines parties de décorations aux monuments arabes ou mauresques dont l'Espagne leur fournissait alors de nombreux modèles; et ces différents styles, plus ou moins combinés et mélangés, constituent le type propre de l'architecture des Xe et XIe siècles.

partie animale, pour signifier que leur empire ne s'exerce que sur la terre, et que les créatures seules leur sont soumises. L'un, à gauche, a les ailes élevées : c'est le génie du mal, qui est dans une perpétuelle activité. L'autre, dont les ailes sont en repos, est le génie du bien, qui, dans une attitude plus calme et avec moins d'efforts, oppose à son rival une résistance non moins victorieuse. On ne s'étonnera point de trouver un semblable tableau dans une église catholique, en considérant que le système des deux principes est de la plus haute antiquité; qu'il fut admis sous diverses modifications chez presque toutes les nations, et dans presque toutes les religions, et que le christianisme même n'a pu entièrement s'en affranchir. Il serait sans doute aussi facile, si nous ne craignions de donner trop d'étendue à cette note, de rendre raison des sujets hiéroglyphiques des autres chapiteaux. On y trouverait le dogme de l'immortalité de l'ame et l'image de la reproduction continuelle des êtres, dans ces animaux mystiques dont les longs cous sont entrelacés. Leur tête se redresse, et ils mordent la queue, également enlacée, de deux autres animaux ailés dont le bec se réunit dans un même vase. Ailleurs un vautour, la tête dirigée vers le ciel, et dont la pate droite élevée tient un caillou, est le symbole de la vigilance. Sur un autre, les passions opposées qui tyrannisent l'homme, l'appétit sensitif et l'esprit de ténèbres et d'ignorance, sont figurés par deux cigognes qui mangent dans une coupe, et qui sont surmontées d'une figure de chat-huant; tandis que deux autres cigognes, dévorant un rat et surmontées d'une figure humaine, représentent l'homme éclairé par la raison, poursuivant le vice et domptant ses passions. Là les cigognes réunies sont l'emblème des deux substances de l'homme, spirituelle et corporelle; les besoins, les plaisirs et les misères de la vie sont représentés par la coupe; le chat-huant marque l'empire de la nuit, c'est-à-dire, des ténèbres et de l'ignorance. Ici, au contraire, la figure humaine, entourée d'un anneau, est le symbole de la lune, ou de la lumière qui dissipe les ténèbres de la nuit; et le rat dévoré par les cigognes, signifie le vice et l'impureté que l'homme sage et éclairé bannit de son cœur.

A droite du chœur était l'ancien chapitre qui faisait partie de l'église, mais était clos ; il est destiné aujourd'hui à un autre usage et n'offre rien d'intéressant. Du côté opposé il existait également une chapelle qui vient d'être démolie : c'est par cette chapelle que l'on descendait dans l'église souterraine ou crypte, placée sous le sanctuaire (pl. 12). Si, dans le petit nombre des églises anciennes qui offrent de semblables cryptes, on suppose, mais trop souvent sans preuves, qu'elles remontent aux temps où le christianisme naissant était obligé d'y chercher un refuge contre les persécutions, il n'en est point ainsi de celle de l'église Sainte-Trinité, qui est de la même époque que le reste de l'édifice, et fut sans doute destinée à servir de sépulture aux abbesses. Ce caveau, dont la voûte est soutenue sur trente-quatre colonnes, dont seize sont isolées, d'environ huit pieds d'élévation et très-rapprochées (1), est éclairé par des soupiraux étroits qui, par l'effet de l'inclinaison du terrain, se trouvent à l'extérieur au-dessus du sol. Son aspect n'inspire qu'une sorte de mélancolie, ou ce sentiment vague qu'on est assez disposé à éprouver dans des lieux obscurs et souterrains qu'une imagination vive se plaît à meubler d'ombres errantes ou de tableaux fantastiques.

Pendant long-temps un mausolée magnifique élevé au milieu du chœur offrait en marbre l'image de l'épouse du Conquérant, et indiquait le lieu de sa sépulture. Mais, en 1562, des mains armées par le plus dangereux des fanatismes renversèrent ce monument, pillèrent les richesses qu'il contenait et dispersèrent les ossements (2). Le cercueil et quelques fragments du corps, pieusement recueillis, avaient depuis repris leur place dans un tombeau moins somptueux, lorsqu'en 1793 des factieux plus coupables peut-être profanèrent de nouveau le séjour de la mort. Cette fois une heureuse circonstance et les précautions qui avaient été prises trompèrent leur fureur et préservèrent les restes de la princesse de leurs outrages. La terre en avait reçu le dépôt, et les barbares, en brisant le cerm-

---

(1) Elles sont distantes les unes des autres d'environ quatre pieds, et celles du pourtour sont élevées sur un stylobate continu.

(2) De Bras, dans ses Recherches et antiquités de la ville de Caen, rapporte en détail et comme témoin oculaire, les dévastations et les excès auxquels se livrèrent alors les protestants.

taphe, ne portèrent pas plus loin leurs mains. Bientôt peut-être une funeste insouciance aurait condamné à un éternel oubli le lieu qui les recélait, mais il appartenait aux savants membres de l'académie de Caen, au zèle de ses antiquaires (1), d'en faire la recherche; il appartenait à l'honorable magistrat qui sait allier au même degré l'amour et l'intérêt des arts aux soins laborieux d'une administration toujours active et vigilante (2), de restituer un mausolée aux cendres de Mathilde, et de rendre à la curiosité publique, à la postérité, le marbre éloquent qui avait transmis jusqu'à nous l'éloge funèbre d'une princesse dont le nom se rattache à tant de glorieux souvenirs (3).

Ce marbre qui avait orné le monument primitif, et qui, échappé deux fois au marteau destructeur des modernes Vandales, recouvre encore aujourd'hui le nouveau cénotaphe, offre l'inscription suivante gravée en caractères du XIe siècle :

EGREGIE PULCHRI TEGIT HÆC STRUCTURA SEPULCHRI
MORIBUS INSIGNEM, GERMEN REGALE, MATHILDEM.
DUX FLANDRITA PATER, HUIC EXTITIT, ADALA MATER,
FRANCORUM GENTIS ROBERTI FILIA REGIS,
ET SOROR HENRICI, REGALI SEDE POTITI,
REGI MAGNIFICO WILLELMO JUNCTA MARITO,
PRÆSENTEM SEDEM RECENTER FECIT ET ÆDEM
TAM MULTIS TERRIS QUAM MULTIS REBUS HONESTIS
A SE DITATAM, SE PROCURANTE DICATAM
HÆC CONSOLATRIX INOPUM, PIETATIS AMATRIX,
GAZIS DISPERSIS, PAUPER SIBI, DIVES EGENIS,
SIC INFINITÆ PETIIT CONSORTIA VITÆ
IN PRIMA MENSIS, POS PRIMAM, LUCE NOVEMBRIS (1)

1083.

(1) Parmi lesquels nous citerons particulièrement M. Smith, membre aussi de la société des antiquaires de Londres, qui fut un des premiers à réclamer le rétablissement de ce monument.

(2) M. le comte de Monthvaut, actuellement préfet du Calvados.

(3) On peut lire des détails intéressants, relatifs à ce monument, dans l'ouvrage de de Bras, p. 171, 173 et suiv.; dans les Essais historiques sur la ville de Caen, par l'abbé de la Rue, t. II, p. 11; dans une note de M. Lachaudé, insérée dans la traduction des Antiquités anglo-normandes de Ducarel, p. 116 et suiv.; enfin dans le Journal du Calvados, n° 24, 25, et 26, mars et mai 1819.

(4) M. de Bras, qui n'était pas seulement historien, mais encore poète aimable, a traduit ainsi cette épitaphe en vers français :

On lit encore sur les deux faces latérales du cénotaphe reconstruit en pierre, à la place et sur le même modèle de celui qui existait en 1793 (pl. 9), deux inscriptions qui indiquent la première restauration de ce monument en 1707, sous l'abbatiat de madame de Tessé :

D'un côté :

REGINÆ MATHILDIS PRETIOSOS CINERES
QUI A FURORE HÆRETICORUM SERVATI SUNT
LINTEO PIE INVOLUTOS
CAPSULA PLUMBEA INCLUSIT,
ET, HONORIS CAUSA, TUMULUM HUMO ADÆQUATUM,
NON QUIDEM REGIO APPARATU,
SED MEMORI ET DIGNO ET POTUIT CULTU,

Du côté opposé :

SUPER HOS EREXIT
ORNAVITQUE ILLUSTRISSIMA ET RELIGIOSISSIMA
DOMINA GABRIELLA FRANCISCA DE FROULLAI DE TESSE,
HUJUSCE MONASTERII ABBATISSA;
CUJUS PIETATE TAM NOBILE MAGNIFICUM
ALTARE FUIT CHRISTO NASCENTI CONSECRATUM
UNO EODEMQUE ANNO
M DCC VII.

Ce somptueux tombeau couvre Mathilde Reyne,
Fille au comte de Flandre et d'Alison de France,
Fille au bon roi Robert, jointe par alliance
Au roi Guillaume, duc des Normands et du Maine,
Du roi Henri la sœur; puis prenant soigneuse peine
A bastir ce beau temple, y donnant grand finance,
Fiefs, jardins et manoirs, terres en abondance
Tous ces biens, elle fit de dévotion pleine.
Les pauvres consolait, aimait religion,
Distribuait ses biens avec dévotion
Aux nécessiteux riche et pauvre, quant à elle.
Ainsi usa sa vie, en dame de vertu,
Le second de novembre, ayant tant combattu,
Qu'à Dieu rendit son esprit en triomphe éternelle.

1083

Enfin, sur une des extrémités du même cénotaphe, cette quatrième inscription doit perpétuer le souvenir de la seconde restauration :

CE TOMBEAU
RENFERMANT LES DÉPOUILLES MORTELLES
DE L'ILLUSTRE FONDATRICE DE CETTE ABBAYE,
RENVERSÉ PENDANT LES DISCORDES CIVILES
ET DÉPLACÉ DEPUIS UNE LONGUE SÉRIE D'ANNÉES,
A ÉTÉ RESTAURÉ
CONFORMÉMENT AUX VŒUX DES AMIS DE LA RELIGION,
DE L'ANTIQUITÉ ET DES ARTS.
M DCCC XIX.

PAR L'ORDRE
DE CASIMIR COMTE DE MONTLIVAUT, CONSEILLER D'ÉTAT, PRÉFET,
ET LES SOINS
DE LÉCHAUDÉ D'ANISI, DIRECTEUR (1), ET HAROU ROMAIN, ARCHITECTE.

Il ne reste plus rien des autres monuments funéraires qui existaient dans le chœur et dans le chapitre de cette abbaye, détruits à diverses époques, particulièrement depuis 1793 (2).

(1) M. Léchaudé d'Anisi, membre de l'académie de Caen, auteur de la traduction des *Antiquités anglo-normandes* de Ducarel, était directeur du dépôt de mendicité établi alors dans l'abbaye Sainte-Trinité.

(2) Les plus remarquables étaient ceux de Cécile, fille de Guillaume-le-Conquérant, première religieuse du monastère, d'Adèle, sa seconde fille, et de Matilde, fille de Henri Ier ou Henri II, morte enfant.

Ces monuments ont été soigneusement décrits et dessinés par M. Auvrai de La Bataille, dans un ouvrage manuscrit, fait par ordre de l'abbesse de Tessé, et qui est conservé aujourd'hui dans la bibliothèque de M. l'abbé de La Rue, auteur des *Essais historiques sur la ville de Caen*.

Lorsqu'on fit des fouilles dans le chapitre, en 1818, on y trouva, entres autres, deux tombes de pierre, brisées transversalement, et qui, primitivement, n'en avaient fait qu'une seule, dans chacune desquelles on avait réuni les ossements, la crosse et le voile de deux abbesses. Le tissu des étoffes, et même le cuir des souliers, étaient encore assez bien conservés, ainsi que des baies de laurier; mais les ossements étaient de la couleur du lilas le plus foncé, chargés de petits cristaux de phosphate de chaux; une lente

Vers l'an 1809, des vues philanthropiques firent établir des asyles pour l'indigence dans les chefs-lieux de département. Cette circonstance fournit le moyen d'utiliser les vastes bâtiments de l'abbaye Sainte-Trinité, dont l'église, divisée intérieurement par des planchers, fut alors destinée aux ateliers (1). Par suite de nouvelles dispositions, on vient d'y transférer l'hôpital-général ou hôtel-Dieu, et l'église restaurée avec soin (2) est rendue aujourd'hui à sa véritable destination. Ce beau temple avait été dédié et consacré en 1066 par l'archevêque Maurille, assisté des évêques et des abbés de la province. Le duc et la duchesse y vouèrent au culte du Seigneur leur fille Cécile encore enfant, et qui en fut la première religieuse. Tous firent de très-grands dons à l'abbaye, en terres et en riches présents : dons qui furent beaucoup augmentés après la conquête par le duc et par ses enfants (3).

Mathilde, en mourant, légua encore à son abbaye sa couronne, son sceptre, ses ornements royaux, des vases, des calices, des coupes, des

d'ambre ou de succin, qui ornait la crosse d'une de ces abbesses, avait pris la couleur jaune rougeâtre du quartz resinite. Dans les terres remuées de cet ancien chapitre, on a aussi trouvé deux anneaux d'or unis et bombés extérieurement : l'un porte sur la paroi intérieure deux V entrelacés ; et l'autre un V renversé, un cœur percé de flèches et les lettres H et C également entrelacées. (Extrait d'une note insérée dans la traduction des *Antiquités anglo-normandes* de Ducarel, par M. Lechaudé, page 119.)

(1) A l'exception du chœur, qui fut réservé pour la chapelle.

(2) Cette restauration et les nouvelles distributions intérieures font le plus grand honneur à l'architecte de la ville qui en a été chargé. M. Guy, en conservant à l'église son caractère primitif, a prouvé son goût et son respect pour les antiquités, dont si peu d'architectes, surtout en province, ont jusqu'à présent donné l'exemple.

(3) On lit dans le cartulaire de l'abbaye Sainte-Trinité, déposé à la bibliothèque royale, n° 5650, qu'aussitôt après la mort du conquérant, ces mêmes seigneurs qui avaient comblé cette abbaye de donations et de bienfaits, et qui, à l'imitation de leur souverain, y avaient consacré à la religion leurs propres filles, se mirent à ravager les terres qu'ils avaient données, brûlèrent les fermes, pillèrent les grains et les bestiaux, emprisonnèrent les fermiers et les vassaux, et même en tuèrent plusieurs. On ne peut guère expliquer cette étrange conduite qu'en supposant que le duc avait injustement, et de sa propre autorité, disposé d'une partie de ces biens, ou que ces dons avaient été le fruit d'une complaisance forcée, dont le ressentiment aurait porté ceux-ci ou leurs héritiers à cet acte de vengeance. Voir, sur ce sujet, les réflexions très-judicieuses de l'auteur des *Essais historiques sur la ville de Caen*, t. 2, pag. 13 et suiv.

candelabres, des vêtements, et autres objets précieux (1); et ce fut dans l'église que Robert, fils aîné de Guillaume, qui s'était distingué dans la première croisade contre les infidèles, voulut déposer, comme un trophée curieux, l'étendard qu'il avait enlevé aux Sarrasins, dans la bataille d'Ascalon (2).

On compte, au nombre des abbesses et des religieuses de ce monastère, des femmes qui se sont illustrées par leurs vertus et par leur mérite. Elles connaissaient la langue latine, cultivaient les sciences, et plusieurs ont publié des ouvrages de littérature (3). Ces religieuses vécurent d'abord sous la règle de saint Benoît, mais ne furent point cloîtrées ni assujetties à l'abstinence : elles recevaient leur famille et leurs amis dans leur appartement, et avaient presque toutes la permission d'élever auprès d'elles de jeunes filles, leurs parentes : elles sortaient au dehors, allaient passer la belle saison dans un manoir à la campagne, pouvaient assister aux processions et aux cérémonies publiques qui se faisaient dans les églises des paroisses, et quelquefois même aux représentations des mystères que l'on jouait dans la ville. Ce ne fut qu'en 1515 que l'abbesse Isabelle de Bourbon introduisit dans cette communauté une réforme sévère, à laquelle toutefois une grande partie des anciennes religieuses refusèrent de se soumettre (4).

L'abbesse jouissait d'un droit très-singulier : la veille, le jour et le len-

(1) Testament de la reine Mathilde, conservé à la Bibliothèque royale, n° 5650.

(2) M. l'abbé de La Rue, dans les Essais historiques, cite sur ce fait le témoignage de Robert Wace contre le sentiment de l'historien des croisades, M. Michaud, qui prétend que cet étendard fut suspendu à la voûte du temple du Saint-Sépulcre de Jérusalem.

(3) On connaît plusieurs épîtres en vers latins adressées à quelques-unes de ces religieuses. L'*Ordo* de l'office à l'usage de cette abbaye, qui avait son rit particulier, était composé par des religieuses versées dans la science de la liturgie et du comput ecclésiastique. Enfin Jaqueline Bouette, prieure de ce monastère, a publié en plusieurs vol. in-folio *les Éloges des illustres de l'ordre de saint Benoît*, où se trouvent ceux des religieuses de la Trinité de Caen. Voy. *Essais historiques*, t. 2, p. 30 et 31.

(4) Elles se fondaient sur ce qu'elles n'étaient obligées d'observer que ce qu'elles avaient promis en prononçant leurs vœux ; elles en appelèrent à l'évêque de Bayeux, qui ne crut pas devoir prendre parti dans cette querelle ; alors elles s'adressèrent au pape, qui leur permit de se retirer ailleurs.

demain de la fête de la Sainte-Trinité, elle percevait toutes les redevances et péages des foires et marchés dans toute l'étendue de la ville et des faubourgs. Ses armes étaient apposées sur toutes les portes de la ville, comme signe de l'étendue et de la souveraineté de sa juridiction. Pendant ces trois jours on lui rendait les honneurs militaires, et le commandant de la place, quel qu'il fût, recevait d'elle le mot d'ordre pour le transmettre à la garnison. Nous pourrions citer beaucoup d'autres coutumes non moins curieuses, observées dans l'abbaye Ste.-Trinité, mais qui appartiennent plutôt à l'histoire des mœurs du temps qu'à celle du monument que nous décrivons (1).

Enfin dans ce siècle de guerres continuelles, de dissensions intérieures, l'abbaye Sainte-Trinité, comme la plupart des monastères du temps, ne fut pas toujours un asyle paisible pour les timides vierges consacrées au culte du Seigneur; les cris des soldats se mêlèrent souvent aux saints cantiques des filles de Sion, et les voûtes sacrées retentirent plus d'une fois du bruit des armes. Des murailles fortifiées, des tours, des remparts transformèrent long-temps l'extérieur de l'abbaye en véritable citadelle, garnie de troupes chargées de veiller à sa défense, et de protéger même dans l'occasion celle de la ville (2). Depuis, des mœurs plus douces, un

(1) De ce nombre, celle-ci nous paraît particulièrement remarquable. Tous les ans la communauté donnait, le jour de la Trinité, un grand dîner à tous les habitants d'une commune voisine (Vaux-sur-Seulle), et même à leurs domestiques, s'ils avaient un an et un jour de domicile. Ils tenaient cet usage, qui était devenu un droit acquis, de la générosité du seigneur primitif, droit auquel la mutation de propriété de la commune en faveur des religieuses n'avait pu porter atteinte. Le repas était servi sur des nappes étendues sur l'herbe, et durait quatre heures. Chaque convive avait un pain de 22 onces et un morceau de lard bouilli d'un pied carré, une flchette de lard rôti, une écuelle de lait, et du cidre ou de la cervoise à volonté. La gaîté qui animait ces repas, et qui dut souvent dégénérer en excès, la singularité et les abus d'une telle réunion dans un couvent de filles, et la crainte d'une surprise en temps de guerre, firent changer en 1457, non sans beaucoup de difficulté, cette redevance en une rente de 30 livres au trésor de la paroisse de Vaux, et en un service solennel le lendemain de la fête de la Trinité, pour les défunts de la paroisse, auquel assistaient six des habitants députés chaque année, et qui seuls dînaient à l'abbaye. (Voir les ouvrages imprimés et les manuscrits déjà cités.)

(2) L'abbaye Sainte-Trinité fut fortifiée environ l'an 1359, et il existe plusieurs actes

état plus paisible rendit ces murs inutiles, ils sont tombés. Cependant,
naguère encore, des époques non moins orageuses et de plus pénible
mémoire ont succédé à celles-là ; les saintes femmes ont été arrachées de
leur antique retraite ; le sanctuaire a été de nouveau profané. Mais si
trop long-temps des fureurs insensés ont affligé notre patrie, nous avons
vu le calme renaître, et de pieuses cénobites reprendre le chemin du
moutier : celles-ci non moins actives, plus utiles peut-être à la société,
qui chaque jour bénit leurs travaux, non seulement adressent à l'Éternel
des louanges pures et d'efficaces prières, mais leurs mains charitables
versent le baume et le vin sur les glorieuses blessures de nos braves, sou-
lagent les chagrins de la vieillesse infirme, et leurs consolations adou-
cissent du moins le trépas de l'indigent, quand leurs soins infatigables
n'ont pu le rappeler à l'existence (r)

publics dans lesquels il est fait mention du fort de la Trinité de Caen et de quelques
faits qui y sont relatifs. Depuis le 15ᵉ siècle cette forteresse a été négligée, et peu à peu
est tombée en ruines. On en voyait encore quelques vestiges il y a peu d'années.

(r) Les religieuses hospitalières de l'Hôtel-Dieu.

ABBAYE ET ÉGLISE SAINT-ÉTIENNE.

L'abbaye de Saint-Étienne est la seconde que fonda le duc Guillaume
pour satisfaire à la puissance ecclésiastique et en expiation des censures
que son mariage avait encourues; bâtie sur des terrains que ce prince
acheta vers l'est de la ville, en un lieu où, si l'on en croit un des historiens de ce monastère (1), il existait antérieurement une chapelle et un
manoir royal (2), elle se trouve aujourd'hui située à l'entrée du faubourg
appelé le Bourg-l'Abbé. Les travaux, commencés peu après ceux de
l'abbaye Sainte-Trinité, mais exécutés plus lentement (car Guillaume
méditait alors la conquête de l'Angleterre, et cette importante expédition
exigeait tous ses soins), n'étaient pas encore terminés en 1070. Lanfranc, moine célèbre et prieur de l'abbaye du Bec, nommé premier abbé
de celle-ci, était alors chargé d'en surveiller la construction. Lorsque le
duc, parvenu au trône d'Édouard, s'y entoura de ses amis, et crut
devoir récompenser le zèle et les talents de Lanfranc, en l'appelant à
l'archevêché de Cantorbéri, Guillaume Bonne-Ame, deuxième abbé, mit
la dernière main à l'ouvrage de son prédécesseur, et ne se montra pas
moins digne de la confiance de l'illustre fondateur.

Quoiqu'il n'existe plus rien des manoirs primitifs de l'abbaye Saint-
Étienne, il est certain qu'ils ne le cédaient point en grandeur et en magnificence à ceux de l'abbaye Sainte-Trinité. A peu près les mêmes événements et les mêmes motifs en ont causé la destruction; et les parties
les plus anciennes qui subsistent actuellement n'offrent que des restes de
reconstructions. Tel est dans la cour, à droite de l'entrée, le grand bâti-

(1) Jean de Baillehache, grand-prieur de l'abbaye de St-Étienne en 1607. Manuscrit
de la Bibliothèque du roi, n° 7487.

(2) Voir à ce sujet l'opinion de M. l'abbé de La Rue dans les *Essais historiques sur la
ville de Caen*, tome 2, page 58.

ment désigné vulgairement comme le palais du duc Guillaume, bien que sa structure ne remonte pas au-delà du douzième siècle. Il n'a rien de remarquable, et n'offre qu'une ruine assez pittoresque, qui bientôt peut-être doit disparaître entièrement (planche 13). Tel est encore, non loin de là, cet autre édifice connu sous le nom de *salle des états* (1) : parmi ces respectables masures celle-ci attire plus particulièrement l'attention des curieux (planche 14); sa forme est un carré long, terminé par deux pignons, percés dans l'origine, ainsi que les murs latéraux, de grandes fenêtres en ogive avec nervures, et flanqué aux angles de petites tourelles octogones, surmontées de campanilles à jour. L'aspect général rappelle les constructions anglaises des douzième et treizième siècles. L'intérieur offrait au premier étage deux salles, dont l'une surtout était particulière-ment remarquable par sa vaste étendue (2), la hardiesse de la voûte en

(1) Sa longueur était de 160 pieds et sa largeur de 90.

(2) Cette salle est appelée vulgairement *la salle des gardes du duc Guillaume*, déno-mination que l'histoire et la critique réprouvent, pour me servir des expressions du savant abbé de La Rue. En effet, la construction et le style de ce bâtiment sont posté-rieurs au temps de Guillaume de plus d'un siècle, et par conséquent il ne peut ja-mais avoir fait partie du palais du duc, ni servi de salle des gardes. Par la même raison, c'est encore une erreur non moins grossière de dire, comme plusieurs écrivains l'ont avancé, et particulièrement le docteur Ducarel (*Antiquités anglo-normandes, traduction de M. Léchaudé, page* 103), que ce fut dans ce lieu que le conquérant fit célébrer les fêtes du mariage de sa mère Arlette avec Herloin comte de Conteville. Si ces noces fu-rent célébrées avec magnificence, selon les chroniques, dans l'abbaye de Saint-Étienne, ce dut être dans une tout autre partie, puisque, nous le répétons, celle-ci n'existait pas alors ; ce bâtiment n'a dû être bâti que vers la fin du 12° siècle, et il doit paraître certain qu'il fut toujours destiné aux assemblées générales des seigneurs ou des états de la province, et depuis aux séances de l'Échiquier ; le nom de chambre des Barons donné à une des pièces intérieures en est une preuve. Et peut-être en trouverait-on une non moins convaincante dans la disposition des pavés armoriés qui décorent le plancher des salles, et sur lesquels divers savants ont publié des dissertations plus ingénieuses que judicieuses, soient qu'ils aient raisonné sur des renseignements peu exacts, soit qu'ils aient ignoré les caractères propres de l'architecture des différents siècles du moyen âge. C'est ainsi que les uns ont recherché avec beaucoup d'érudition l'origine des armoiries, et font remonter jusqu'à cette origine la fabrication des pavés dont il est question. D'autres supposent que les armes représentées sur ces pavés sont celles des seigneurs qui accompagnèrent le duc Guillaume en Angleterre, et qu'elles furent placées

tiers-point, la beauté des vitraux peints, et la singularité des pavés émaillés, disposés en compartiments de mosaïque, dont un assez grand nombre offraient l'écu ou les armes de familles normandes. C'est dans

à cette époque dans *cette partie de son palais* en mémoire de la conquête; d'autres enfin, avec raison, assignent à ces pavés une origine plus récente, mais regardent les armes comme celles des abbés du monastère ou de quelques chevaliers qui, après avoir couru le monde, venaient expier dans le cloître une vie dissipée, ou, par piété, consacrer à Dieu leurs dernières années. (Voyez *Antiquités anglo-normandes*, par le docteur DUCAREL, *traduction de M. Léchaudé*, p. 101 et suiv.; la *Lettre du chevalier* HENNIKER, *membre de la Société des antiquaires de Londres, à Georges, comte de Leicester, président de la même Société, sur les pavés de l'abbaye Saint-Étienne de Caen, Londres,* 1794, *Essais historiques sur la ville de Caen, par M. l'abbé de la Rue,* t. II, p. 86 et suiv.; *Mémoire sur des pavés émaillés trouvés à Calleville, près Brionne, département de la Seine-Inférieure, par M. le Prévost; Précis analytique des travaux de l'académie de Rouen, année* 1818, *page* 155.)

Mais il nous semble que, pour parvenir à découvrir la vérité sur ces pavés, il fallait d'abord, avec moins d'hypothèses, chercher à connaître par le style de l'édifice, dans quel siècle il avait été construit; quelle était sa destination probable; rechercher à quelles familles appartenaient les diverses armes représentées; enfin quel était l'ordre et la disposition de ces pavés. En procédant ainsi on eût facilement reconnu, 1° que l'édifice désigné mal à propos comme un reste du palais de Guillaume ne fut bâti tout au plus tôt qu'à la fin du XII° siècle, et que les pavés qu'il renferme ne peuvent être antérieurs; 2° que ce bâtiment, entièrement isolé, n'a point fait partie des autres bâtiments claustraux, et par sa structure et sa distribution intérieure paraît évidemment avoir été destiné à un usage étranger aux religieux; 3° que les armes représentées sur les pavés n'appartiennent point toutes à des familles dont les ancêtres aient accompagné le duc dans son expédition, qu'elles sont d'ailleurs en très-petit nombre (on n'en compte pas plus de 24 différentes), et que par conséquent elles n'ont aucun rapport à cet événement; 4° que si l'on considère qu'à cette époque le siège du gouvernement étant presque toujours placé dans les abbayes royales où les rois et les ducs avaient leurs demeures; que les seigneurs, les états de la province et les membres de l'échiquier s'y assemblaient dans des lieux qui leur étaient destinés; que l'abbaye de Westminster à Londres, celle de Saint-Ouen à Rouen, et beaucoup d'autres, en fournissent des exemples, et que le témoignage en est consigné dans plusieurs actes du temps, il paraîtra certain que le bâtiment qui nous occupe n'a point eu d'autre destination; 5° que si l'on considère encore que la plus grande partie des autres pavés représentaient des oiseaux de proie, des chiens, des instruments de chasse et de pêche, signes ordinaires de seigneuries féodales; que si ces armes étaient celles d'abbés ou de religieux, comme on le prétend, elles eussent été placées de préférence dans les cloîtres, les réfectoires et le chapitre,

cette salle que se tenaient les assemblées des états de la province et souvent aussi les séances de l'échiquier. L'autre salle, moins spacieuse, mais ornée dans le même goût, était appelée la chambre des barons, soit parce qu'elle était destinée aux assemblées particulières des barons qui, dans les siècles reculés du moyen âge, étaient, comme l'on sait, après le souverain les plus puissants seigneurs de la province, soit que dans la suite elle fût le lieu de réunion ordinaire de ce qu'on appelait *les barons de l'échiquier* (1). L'état actuel de ce bâtiment n'a plus rien d'intéressant ; la plupart des fenêtres ont été murées, les pavés dispersés, et l'intérieur, devenu mé-

telles qu'il en existait dans beaucoup d'autres abbayes ; et qu'enfin, selon le récit des personnes qui ont vu ces planchers avant leur destruction, les pavés armoriés étaient rangés sur deux lignes parallèles tout autour de la plus grande salle, et disposés en quinconce ou damier, d'où, comme l'on sait, on a donné le nom d'échiquier au tribunal suprême dont la salle des séances présentait dès l'origine cette particularité ; on sera, dis-je, convaincu, d'après ces observations, que les armoiries représentées sur les pavés de la salle des états de l'abbaye Saint-Étienne de Caen ne sont autres que celles des familles normandes qui avaient droit d'assister aux séances des assemblées de la province ou à celles de l'échiquier ; que la disposition respective de chacune indiquait la place que devait occuper chaque membre, selon son ancienneté ou son rang ; et enfin, si quelques-unes de ces armoiries se trouvaient répétées, c'est que, comme il arrivait très-ordinairement, plusieurs membres de la même famille avaient droit d'y siéger. Au reste, ces pavés n'offraient rien de très-remarquable en eux-mêmes, et il en existait en France dans beaucoup de monumens de la même époque. Quelques curieux de la ville de Caen, parmi lesquels nous citerons M. Lair, M. l'abbé de la Rue, et M. Léchaudé, possèdent et conservent dans leurs cabinets plusieurs échantillons de ces pavés. (Voir la planche 18 *bis.*)

(1) En France, on entendait anciennement par *barons* tous les vassaux qui relevaient immédiatement du roi ; les marquis, comtes, ducs, etc., étaient compris dans le titre générique de barons. Dans Aimoin et dans plusieurs vieilles chroniques, le roi haranguant les seigneurs de sa cour et de son armée les appelle *mes barons*. Ainsi tous les nobles qui relevaient immédiatement du roi étaient barons, de quelque dignité dont ils fussent revêtus. Depuis, ce terme a eu une acception moins étendue, et ne signifie que le degré de noblesse qui est au-dessous des ducs, marquis, comtes et vicomtes.

Les barons de l'échiquier étaient des juges, auxquels étaient commise l'administration de la justice dans les causes entre le roi et ses sujets ; ils ont été jusque dans ces derniers temps des gens savans ès lois, des anciens maires, des personnages importans et revêtus de l'estime publique, soit dans le clergé, soit à la cour : *Majores et discretiores in regno, sive de clero essent, sive de curia.*

connaissable par de nouvelles distributions, est aujourd'hui transformé en magasins.

L'église, conservée comme église paroissiale, est encore le plus considérable des monuments religieux de la ville de Caen, et si quelques réédifications partielles, suite nécessaire des désastres fréquents arrivés dans les temps de guerre et de trouble, ont ôté à sa structure son uniformité de style primitive, la variété qui en résulte nous fournira du moins encore quelques observations nouvelles pour l'histoire de l'art.

Nous ignorons si le même architecte fut chargé de construire les églises de la Trinité et de Saint-Étienne, ce qui d'ailleurs serait assez probable; mais il existe une différence remarquable entre ces deux édifices, soit qu'on n'ait eu d'autre but que d'y mettre de la variété, soit qu'on ait voulu en quelque sorte faire concorder le style de l'architecture avec la destination du monument. La première de ces églises, fondée par la princesse Mathilde, et occupée par des vierges sorties des familles les plus distinguées de la province (1), réunit à des proportions plus petites plus d'élégance, plus de coquetterie dans la disposition des lignes, et offre une sorte de recherche étudiée dans l'emploi des ornements empruntés aux Maures, aux Arabes et aux Saxons dont le mélange et le goût s'étaient récemment introduits dans l'art en Europe, mais qui n'étaient pas encore prodigués; dans la seconde, au contraire, plus particulièrement l'œuvre du prince, et destinée à des religieux, toutes les parties qui datent de la première construction, et sont par conséquent du même temps, se développent sur une plus vaste échelle, ont un caractère plus mâle, et présentent, surtout à l'extérieur, toute la gravité, et la rudesse même, du style appelé lombard ou du bas empire, fort en usage sous le règne de Charlemagne, et que l'on regarde comme intermédiaire entre le style romain et le style mixte des Xe et XIe siècle. Les ouvertures y sont rares et étroites. Le lisse des murs n'y est interrompu que par des contre-forts épais, et on n'y trouve d'autres ornements que des petites colonnes grossières, sur lesquelles s'appuient les retombées des arcs et quelques

______

(1) On n'admettait à prendre le voile dans ces monastères que des filles de noble extraction.

cordons denticulés; enfin, la force et la solidité semblent en exclure l'élégance. Tels sont, le portail, dont on admire cependant avec raison la majesté et l'élévation des tours (1) (planche 15), la nef, une partie de la croisée, et la base de la tour qui la surmonte, seules portions qui nous restent de l'église primitive, d'autant plus curieuses, qu'il n'existe actuellement en France presque aucun monument religieux d'architecture lombarde, et fort peu du XIe siècle qui, comme celui-ci, retrace l'aspect austère de cette architecture des VIIIe, IXe et Xe siècles (2).

Enfin, quoiqu'il soit peut-être difficile aujourd'hui de juger sainement de l'ensemble du premier plan de l'église Saint-Étienne et du caractère

(1) Ces tours étaient dans l'origine terminées par des créneaux ou par des toitures élevées ; elles ne furent surmontées de pyramides en pierre et ornées de clochetons et de campanilles à jour qu'à la fin du XIIe siècle ou au commencement du XIIIe, comme il est facile de le voir par la différence du style et l'élégance qui les caractérisent.

(2) Le portail de l'abbaye de Jumiége, sur les bords de la Seine en Normandie, et les clochers de l'abbaye de Saint-Germain-des-Prés, à Paris, récemment démolis, étaient de ce genre ; ces derniers surtout, probablement uniques en France, devenaient pour l'antiquaire non-seulement un objet de la plus haute curiosité par leur structure et leur situation peu ordinaire au centre de l'église, mais encore un objet de vénération comme ayant traversé peut-être plus de dix siècles sans avoir éprouvé la plus petite altération dans leurs formes primitives.

Par quelle fatalité ces deux tours sont-elles tombées ? Quoi ! dans la capitale des beaux-arts ? à une époque où l'on pouvait plus que jamais apprécier la nécessité de les conserver ? malgré les vives représentations de tous les savans, et particulièrement de M. Alexandre Le Noir, fondateur de l'ancien Musée des monumens français, à qui nous devons la conservation de tant de précieuses richesses ? Comment a-t-on pu juger à propos de les démolir quand le gouvernement, déterminé par la considération de la haute antiquité de ce monument qui menaçait ruine, et des souvenirs historiques qui s'y rattachent, consacre des sommes énormes à une restauration fastueuse, bien inutile aujourd'hui lorsque cet édifice a perdu tout à la fois et ce qui faisait son caractère principal, et la respectable empreinte des siècles ? N'est-ce pas avoir agi comme l'aurait fait un statuaire mal adroit, qui, pour conserver une statue antique, rejoindrait avec soin les fragmens des jambes et du torse, et supprimerait la tête comme peu importante ?

Combien d'attentats de ce genre n'avons-nous pas à déplorer ? Sont-ils donc des Vandales, ces démolisseurs infatigables ? Non, ce sont des architectes.....!!!!

général que l'artiste avait donné à son ouvrage, on peut croire que cette église était fort belle, ce que nous aurons particulièrement occasion de remarquer en décrivant l'intérieur.

On regrette que la vue des murs latéraux de l'édifice soit masquée à l'extérieur, d'un côté par des groupes de maisons élevées depuis quelques années sur le bord de la nouvelle route de Caen à Cherbourg, et de l'autre par les bâtiments modernes de l'abbaye (1). Ces massifs de constructions très-rapprochés laissent à peine dominer au-dessus d'eux les pignons de la croisée flanquée de petites tours carrées en forme de minarets, les clochers et l'immense toiture de l'église, dont on ne découvre l'étendue et le développement qu'à une certaine distance.

Le chevet seul est tout à découvert, ou légèrement ombragé par quelques arbres des anciens jardins de l'abbaye. Cette partie, entièrement reconstruite vers le commencement du XIIIe siècle (2), est d'un fort

(1) Ces bâtimens qui comprennent les réfectoires, les dortoirs, les salles de réception et le cloître, furent bâtis à la même époque que ceux de l'abbaye Sainte-Trinité, en 1704. Le plan en fut donné par Guillaume de la Tremblaye, religieux bénédictin, qui fit aussi construire ceux de l'abbaye de Saint-Denis. Voyez ci-dessus page 11. La ville y a établi un collège depuis la suppression des moines.

(2) En cherchant à connaître l'époque précise de cette construction, nous trouvons dans les *Essais historiques sur la ville de Caen*, par M. l'abbé de la Rue, que le chevet de l'église Saint-Étienne, les chapelles et le rond point qui l'environnent, furent bâtis dans l'intervalle de 1316 à 1344 (XIVe siècle) par l'abbé Simon de Travières, et mis en l'état où ils sont aujourd'hui. Nous ne doutons pas que le savant abbé n'ait relaté cette date d'après des documens qui lui ont paru authentiques; mais il est impossible de faire concorder le style de cet édifice avec la date qui lui est assignée dans *les Essais historiques;* le chevet de l'église Saint-Étienne est bien antérieur, et il suffit pour s'en convaincre d'en comparer la structure avec celle de tant d'autres monuments élevés dans le XIVe siècle. Ici l'art prend évidemment un nouvel essor, mais avec timidité, et l'on y reconnaît une certaine composition mixte qui caractérise assurément la transition d'une époque à l'autre : tandis que dans les édifices du XIVe siècle, le genre est parvenu à son apogée, et l'artiste ne met plus de bornes à la fécondité de son imagination et à la hardiesse surprenante de l'exécution. Nous croyons donc devoir affirmer que le chevet de l'église de Saint-Étienne est tout au plus du commencement du XIIIe siècle, et l'on pourrait croire qu'il serait même antérieur ; car il ne serait pas impossible, nonobstant tous dires contraires et sans avoir recours à une reconstruction, que cette

bel aspect, et remarquable sur-tout comme un exemple de la direction que prenait l'art à cette époque, vers cette période qui a produit dans les XIVe, XVe et XVIe siècles tant d'édifices si admirables par la légèreté des masses, la profusion des détails et l'espèce de flexibilité donnée à la pierre mise en œuvre sous les formes les plus variées. Ici la gracieuse courbure ogive commence à remplacer l'arc en plein cintre. On voit naître les *roses* ou vitraux ronds, divisés en compartiments. Les murs moins épais sont soutenus par des arcs-boutants, mais rares, simples, sans ornements, et les piliers butants, sur lesquels se termine la retombée des arcs, ne sont point encore surmontés de pyramides à fleurons et cantonnés de clochetons élégants. Enfin l'on y trouvera peut-être la première pensée des pendentifs dans ces petites arcades accouplées, dont les retombées sont alternativement sans appui, et qui forment en quelque sorte une double enveloppe aux chapelles du rond point, particularité qui ne dut point être unique alors, mais que nous n'avons point encore remarquée dans aucun autre édifice (planche 16).

On trouve gravée sur le mur, à quelques pouces de terre, sur la partie la plus saillante du rond point, derrière la chapelle de la Vierge, une inscription en caractères du temps, dont nous donnons un fac simile (planche 18 *bis*), et que l'on doit lire ainsi :

WILLEMUS JACET HIC, PETRARUM SUMMUS IN ARTE,
ISTE NOVUM PERFECIT OPUS, DET PRÆMIA CHRISTUS PERENNIS, AMEN (1).

église n'ait point été terminée entièrement à l'époque que l'on croit, mais quelque temps après, lorsqu'un nouveau goût commençait à s'introduire dans l'art, ce qui eut lieu dans la première moitié du XIIe siècle : ce qui n'empêcherait pas que de 1316 à 1344 un abbé de Trévière n'ait fait quelques agrandissemens et quelques embellissemens au chœur et aux chapelles de cette église. Si nous n'avons point de preuves écrites qui justifient cette opinion, aucunes du moins ne la détruisent directement, et l'âge d'un monument est souvent mieux écrit dans la disposition des pierres que dans les relations de tant d'historiens infidèles.

(1) L'observation que nous avons faite, dans la note ci-jointe, sur le temps de la construction du chevet, paraît confirmée par la forme des caractères et par les termes même de cette inscription. D'abord, par la forme des caractères ; car nous avons sous les

Elle est curieuse, et nous fait connaître le nom de l'architecte à qui l'on doit cette belle portion de l'église Saint-Étienne ; mais elle est sans date, et nous laisserait dans l'incertitude sur l'époque précise de cette construction si nous n'avions pas d'autres guides.

L'intérieur de l'église (planches 17 et 18) offre les mêmes différences de style que nous avons observées à l'extérieur. La nef, les bas côtés et la croisée sont du XIe siècle ou du premier temps. Sans s'écarter du caractère austère imprimé au dehors, l'architecte y a répandu plus de noblesse et moins de pesanteur. On y remarque une heureuse disposition de lignes et une savante combinaison des vides et des masses ; les proportions sont vastes et les voûtes ont de l'élévation ; le style romain paraît dominer dans l'ordonnance générale, et l'on y retrouve le chapiteau corinthien presque dans toute sa pureté. De vastes galeries, dont les ouvertures ornées de balustrades forment dans l'extérieur une double arcade, règnent sur toute l'étendue des bas côtés à droite et à gauche, et pourraient contenir une grande quantité de spectateurs dans les cérémonies publiques (1). Le chœur, quoique d'une époque différente, se lie agréablement avec la nef, il est terminé par un sanctuaire de forme demi-circulaire, fermé de grilles et entouré de onze chapelles régulièrement construites, mais sans ornements remarquables. Plusieurs historiens ont vanté la beauté des vitraux peints, la richesse des boiseries du chœur, et la magnificence du tombeau du duc Guillaume qui décorèrent long-temps l'intérieur de l'église Saint-Étienne, mais les calvinistes en 1562 détruisirent toutes ces richesses, pillèrent tout ce qu'ils purent trouver de précieux, et dévastèrent cette église avec une telle fureur, qu'il *n'en demeura rien, excepté*

yeux des *fac-similé* d'inscriptions entièrement semblables, toutes prises sur des monuments du XIIe siècle : nous citerons entre autres celle de l'église de la Cité, à Périgueux, représentée dans les Monuments inédits publiés par M. Willemin. Enfin, par les termes ; car dans ces mêmes inscriptions on se sert toujours des mots *hoc opus fecit*, tandis qu'ici on lit *novum opus perfecit*, ce qui pourrait faire supposer que par cette variété de rédaction l'architecte a voulu indiquer qu'il avait achevé un ouvrage précédemment commencé. Nous abandonnons au surplus ces réflexions à la critique, sans leur attacher plus d'importance qu'elles ne valent.

(1) Qui durent être fréquentées primitivement dans cette église comme église ducale

les murs, suivant les termes du procès-verbal dressé quelques mois après.
Ces pertes n'ont point été réparées, seulement quelques ossements du
Duc échappés au désastre et pieusement recueillis furent replacés sous
un nouveau cénotaphe fort simple, à peu près semblable à celui que
l'abbesse Françoise de Froulay restitua, à la même époque dans l'église
Sainte-Trinité, aux cendres également outragées de la reine Mathilde.
Ce second tombeau, transféré plus tard dans le sanctuaire, a été de
nouveau détruit en 1793; le marbre seul qui le recouvrait subsiste encore
et a été replacé il y a quelques années dans le sanctuaire. On y lit les
inscriptions suivantes, dont l'une indique sa première restauration en
1642, et l'autre la translation du cœur dans le sanctuaire en 1742.

HOC SEPULCHRUM INVICTISSIMI JUXTA ET CLEMENTISSIMI CONQUESTORIS GULIELMI.
DUM VIVERET ANGLORUM REGIS, NORMANORUM CENOMANORUMQUE PRINCIPIS,
HUJUS INSIGNIS ABBATLÆ PIISSIMI FUNDATORIS
CUM ANNO MDLXII HERETICORUM FURORE DIREPTUM FUISSET, PIO
TANDEM NOBILIUM EJUSDEM ABBATIÆ RELIGIOSORUM
GRATITUDINIS SENSU, IN TAM BENEFICUM LARGITOREM,
INSTAURATUM FUIT ANNO DOMINI MDCXLII
DOMINO JOHANNE DE BAILHACHE ASCETEDII PROTO-PRIORE.

D D

REQUIESCEBAT IN SPE CORPUS BENEFICENTISSIMI
FUNDATORIS, QUUM A CALVINIANIS ANNO MDLXII
DISSIPATA SUNT EJUS OSSA, UNUM EX EIS A VIRO NOBILI
QUI TUM ADERAT RESERVATUM, ET A POSTERIS ILLIUS
ANNO MDCXLII RESTITUTUM, IN MEDIO CHORO DEPOSITUM
FUERAT MOLE SEPULCHRALI DESUPER EXTRUCTA. HANC
CEREMONIARUM SOLEMNITATE MINUS ACCOMMODATAM
AMOVERUNT MONACHI ANNO MDCCXLII REGIO
FILII DIPLOMATE, ET OS QUOD UNUM SUPERERAT
REPOSUERUNT IN CRYPTA PROPE ALTARE
IN QUO JUGITER DE BENEDICTIONIBUS METET
QUI SEMINAVIT IN BENEDICTIONIBUS
FIAT   FIAT.

Les religionnaires ne se contentèrent pas d'enlever les trésors en tout genre que contenait cette église, ils essayèrent encore de la détruire, en faisant écrouler le clocher du milieu sur les voûtes qu'ils endommagèrent beaucoup sans parvenir entièrement à leur but. La toiture toute en plomb fut enlevée. Ils démolirent la charpente, et brisèrent les cloches, parmi lesquelles il s'en trouvait une qui, selon l'historien de Bras, surpassait, par la grosseur et la force de son, la fameuse cloche *Georges d'Amboise* de la cathédrale de Rouen, qui pesait trente-six milliers. Soixante-quatre ans furent employés à réparer une partie de ces désastres. On en doit la restauration à don Jean de Balliache, grand prieur de l'abbaye, qui en fit célébrer la réconciliation en 1626. Dans *les Recherches et Antiquités de la ville de Caen*, par M. de Bras, l'auteur, témoin oculaire et un des magistrats de la ville à cette époque, raconte avec une simplicité touchante l'histoire de tous ces désastres, des violences inouïes qui furent exercées en cette occasion, et dont il faillit lui-même être la victime (1).

Le premier mausolée du duc Guillaume, dont nous venons de parler,

---

(1) Nous transcrivons ici une partie de son récit : « Le vendredy, la nuict et le samedy ensuivant tout le jour huict et neufviesme jours de may mil cinq cent soixante et deux, tous les temples, églises et monastères de cette ville furent pillez et saccagez, vitres et orgues brisées, et les images massacrez, et tous les ornements des églises qui y furent trouvez pillez ; les chaires, coffres, livres, et tout ce qui était combustible, fut consumé par le feu, et fut fait de si grands dommages sans aucun profit, qu'on en estimait la perte à plus de cent mille écus!... Les méchants qui commirent de tels et si énormes actes, furent si téméraires de venir à la chambre du conseil en armes, tant de harquebuses, halbardes, que épées, demander à la justice le salaire de leurs peines d'avoir fait tels saccagements et ruines, ce qui leur fut accordé par l'un des juges, qui était de leur religion, choses piteuses à référer.... Si je voulois décrire et référer par le menu toutes les choses exquises qui furent demolies, brisées et bruslées aux susdits temples, un bon mois n'y suffirait.... J'y étois présent, m'y étant transporté étant en état de lieutenant de M. le Bailli, pour penser aucunement amollir le cœur de ces barbares par certaines et honnestes remontrances que je leur fis : mais sans pouvoir ni autorité je n'en pus rien obtenir ; mes remontrances furent fort mal suivies et moi en très-grand danger.... J'eusse volontiers fait procès-verbal de ces discours, ruines et saccagements ; mais tant s'en faut que ces violateurs l'eussent permis, ayant la force en main et moi sans ayde, pourquoi ce narré suffira pour la vérité, etc.» Voir plus amples détails dans l'ouvrage, pages 157 et suivantes.

5

et dont la perte est sans doute fort regrettable pour les arts et pour les curieux, avait été élevé par les soins et aux frais de Robert, fils du Conquérant et son successeur au duché de Normandie. Il consistait en un sarcophage de schiste noir, élevé sur quatre pilastres de marbre blanc, et surmonté de la statue du duc représenté couché, revêtu de ses habits royaux; le tout enrichi d'ouvrages d'orfèvrerie les plus précieux. Sur une face du monument était gravée sur une lame d'or l'épitaphe suivante.

> QUI REXIT RIGIDOS NORTHMANNOS, ATQUE BRITANNOS
> AUDACTER VICIT, FORTITER OBTINUIT,
> ET CENOMANENSES VIRTUTE COERCUIT ENSES,
> IMPERIIQUE SUI LEGIBUS APPLICUIT,
> REX MAGNUS PARVA JACET HAC GULIELMUS IN URNA,
> SUFFICIT ET MAGNO PARVA DOMUS DOMINO.
> TER SEPTEM GRADIBUS SE VOLVERAT ATQUE DUOBUS
> VIRGINIS IN GREMIO PHŒBUS, ET HIC OBIIT.
> MLXXXVII (1).

On raconte qu'un cardinal, un archevêque et plusieurs ecclésiastiques distingués, visitant la ville de Caen en 1522, eurent le désir d'examiner l'intérieur du cercueil, et obtinrent la permission de faire ouvrir le tombeau; ils y trouvèrent le corps du prince d'une force et d'une grandeur extraordinaire (2) et parfaitement conservé. On y trouva également une

(1) Traduite ainsi par l'historien De Bras :

> Ce roi, qui brusquement rangea les fiers Normands,
> Les Anglais et Manceaux sous les lois de justice,
> Ayant donné la loi aux vaincus et au vice,
> Les tint sous son empire, en la vertu vivant.
> Son corps gist sous ce marbre, et son ame est à Dieu.
> Après la mort, suffit à grand roi petit lieu.
> Par vingt et trois degrés le soleil fit son cours
> Au geron de la Vierge, et il finit ses jours.

(2) M. de Bras assure avoir vu un os de la cuisse, qui était plus long de quatre travers de doigt que tous ceux des hommes les plus grands qu'il ait connus.

table de cuivre sur laquelle était gravée une inscription en langage du temps dont le style est très-curieux, et que nous donnons comme un exemple de la littérature du siècle.

JE GUILLAUME, PRINCE TRÈS-MAGNANIME,
DUC DE NEUSTRIE; PAREIL A CHARLEMAIGNE,
PASSAY LA MER PAR UN DOUX VENT DE SUST
POUR CONQUESTER TOUTE LA GRAND-BRETAGNE;
PUIS DEPLOYER FIS MAINTE NOBLE ENSEIGNE
ET DRESSER TENTES ET PAVILLONS DE GUERRE,
ET ONDIRIER FIS COMME FIL D'ARAIGNE
NEUF CENT GRANDS NEFZ, SI TOT QUI EUZ PIED A TERRE.
ET PUIS EN ARMES DE LA PARTIS GRAND ERRE
POUR COUPS RÉCENZ AU DOUBTE ROI HÉRAULT
DONT COMME PREUX J'EUZ TOUTE LA DÉFERRE,
NON PAS SANS DUR ET MERVEILLEUX ASSAULT;
POUR BIEN DOUTER LE DESLOYAL RIBAULT,
JE MIS A MORT ET SOIXANTE ET SEPT MILLE
NEUF CENTS DIX HUIT, ET PAR AINSI D'UN SAULT
FUZ ROI D'ANGLOIS, TENANT TOUTE LEUR ISLE.
OR N'EST-IL NUL TANT SOIT FORT ET HABILE,
QUI, QUANT C'EST FAIT, APRÈS NE SE REPOSE.
MORS M'A DEFAICT, QUE SUIS-JE? CENDRE VILE.
DE TOUTE CHOSE ON JOUIT UNE POSE (1).

Pour conserver la mémoire de ce fait, on apposa cette inscription au mur vis-à-vis le tombeau, avec un tableau peint sur bois par le plus habile artiste de la ville, représentant le duc dans l'état de conservation parfaite où il avait été retrouvé, et le sarcophage fut soigneusement refermé (2).

(1) Quelques savants supposent, mais sans preuve suffisante, que cette inscription n'est point du temps, et qu'elle aura été recomposée à cette époque par quelque bel esprit.

(2) Quoiqu'il y ait peu d'ouvrages anciens ou modernes publiés sur la Normandie, où l'on n'ait raconté avec plus ou moins d'étendue les circonstances singulières qui accompagnèrent la mort du duc Guillaume, l'intérêt qu'inspire tout ce qui a rapport à ce grand roi, et le peu de publicité que la plupart de ces ouvrages ont obtenu hors de la province pour laquelle ils étaient faits, ou enfin l'oubli dans lequel sont tombées

L'église et l'abbaye de Saint-Étienne ne furent pas seulement dévastées pendant les malheureuses guerres de religion, mais l'une et l'autre eurent encore beaucoup à souffrir dans les siéges et les assauts que la ville de Caen a soutenus. En 1415, les Anglais commandés par le duc de Clarence

presque toutes nos vieilles chroniques qui en font mention, nous engage à placer ici une notice succincte de ces événements, rédigée sur les documents les plus certains.

Guillaume, dont la santé déjà altérée avait été gravement compromise au siége de Mantes, s'était fait transporter dans un manoir près de Rouen. Là, sentant sa fin approcher, il se prépara sérieusement à la mort, fit les plus sages dispositions, appela près de lui ce qu'il y avait de seigneurs et de prélats dans le voisinage; et dans un discours admirable, rapporté presque tout entier par Orderic Vital, historien contemporain, il leur rappela ses travaux, les dangers qu'il avait éprouvés, et les obstacles qu'il avait surmontés. Il peignit avec les plus vives couleurs les malheurs de la guerre, et les excès dans lesquels les victoires entraînent souvent les conquérants; s'étendit sur le caractère des peuples qu'il avait soumis et gouvernés; parla de ses défauts et de ses vertus avec une égale franchise; recommanda aux barons qui étaient présents de rendre à tous une exacte justice, et de respecter également les droits du trône et ceux des peuples; désigna son successeur, réclama avec une grande piété les prières de l'église; et après avoir fait beaucoup d'aumônes, réparé beaucoup d'injustices, il rendit le dernier soupir, et mourut tout à coup au moment où les médecins donnaient quelques espérances sur le rétablissement de sa santé, âgé seulement de 61 ans. La nouvelle de sa mort ne fut pas plus tôt connue, que tout le monde fut saisi d'une espèce de transport, qu'Orderic Vital ne craint pas d'appeler folie. La mésintelligence qui régnait entre les fils du duc, et l'absence subite d'une autorité aussi puissante que celle de ce prince, fit redouter à l'instant même les plus affreuses guerres civiles et des malheurs incalculables. Les prélats et les seigneurs s'enfuirent en toute hâte dans leurs terres, et les habitants de la ville effrayés s'assemblaient de tous côtés, s'interrogeant sur ce qu'ils avaient à faire pour mettre leurs personnes et leurs biens en sûreté. Cependant le corps du roi entièrement abandonné fut exposé aux outrages de la populace, qui s'introduisit dans les appartements, pilla les meubles, le linge, la vaisselle, et laissa le prince à demi nu. Un simple gentilhomme seul, nommé Herluin, pour faire une œuvre agréable à Dieu et sauver l'honneur de sa nation, prit sur lui le soin des funérailles. Il rassembla les ecclésiastiques dispersés, fit faire des prières, loua à ses frais des chariots mortuaires, des pleureurs, et tout l'appareil qui sert aux convois, et fit, sur l'avis de l'archevêque de Rouen, transporter le corps à Caen pour être inhumé dans l'abbaye de Saint-Étienne. Ce fut alors que la première impression étant un peu dissipée, la noblesse et les principaux du clergé, honteux de leur faiblesse, s'assemblèrent à Caen pour réparer les torts d'une si étrange conduite. Gilbert, abbé

s'emparèrent de l'abbaye ; peu de jours après, Henri V assiégea la ville, et pour en accélérer la reddition, plaça de l'artillerie dans la tour qui surmonte la croisée de l'église, d'où il écrasa la ville, qui fut emportée d'assaut ; mais cette mesure ébranla la tour, qu'il fallut reconstruire, et causa

de Saint-Étienne, se rendit avec un nombreux cortège au-devant du convoi royal ; mais un accident affreux signale son entrée dans l'église : le feu éclate dans la ville avec une telle violence, qu'en peu d'heures la plupart des édifices sont réduits en cendres. On se rappelle avec effroi le même malheur arrivé à Westminster, pendant la cérémonie du couronnement de Guillaume, et les nombreuses victimes de cet événement ; chacun de nouveau prend la fuite, et les moines restés seuls s'acquittèrent seuls des derniers devoirs envers leur bienfaiteur, comme ceux de Westminster avaient été presque les seuls témoins de son couronnement. Le lendemain cependant, on s'empressa de rendre au duc des honneurs funéraires : le service fut célébré en grande pompe, et l'oraison funèbre prononcée par Gilbert, évêque d'Évreux, au milieu d'un nombreux auditoire. Ce prélat rendit hommage avec beaucoup d'éloquence, dit l'historien, aux qualités du duc, à sa valeur, à sa justice, à sa piété ; puis tout à coup s'adressant à l'assemblée par un mouvement oratoire dont il y a peu d'exemples, il l'interroge s'il se trouve dans son sein quelqu'un qui l'accuse de mensonge dans les hommages qu'il vient de donner au roi. Un assentiment unanime d'approbation commençait à se faire entendre, lorsqu'une voix s'élève et s'écrie avec force : « Le lieu où nous sommes, « cette même terre où l'abbaye de Saint-Étienne est bâtie, est le bien de mon père « que l'homme pour lequel vous faites ici des prières lui a pris injustement, et par le « seul droit de la violence. J'en redemande le prix, ou je m'oppose à la sépulture du « roi sur un terrain qui m'appartient. » Le service est interrompu ; les fils de Guillaume étaient absents, et personne ne pouvait promettre en leur nom le prix de la terre ; enfin, après quelques instants de délibération, les seigneurs réunis offrirent au propriétaire une somme pour le droit de sépulture, en lui promettant que justice lui serait rendue sur le reste. A ces conditions le corps fut descendu dans le caveau ; mais un nouvel incident devait ajouter encore aux tristes événements qui avaient signalé les funérailles du duc : il paraît qu'on n'était point alors dans l'usage d'embaumer les corps, ou qu'on avait négligé de le faire. Un abcès s'était formé dans les entrailles ; il creva tout à coup, et répandit dans l'église une odeur tellement insupportable, malgré l'encens et les parfums qui furent prodigués, que les ministres s'empressèrent de terminer la cérémonie, et que tout le monde se précipita en désordre hors de l'église.

Nous ne suivrons point l'historien, qui nous a transmis ces détails, dans les réflexions morales que lui suggère un concours aussi extraordinaire d'événements, et le contraste de tant de misères avec la grandeur et la puissance passée du plus illustre prince de son temps.

de grands dommages à l'abbaye. En 1434, la noblesse et les communes essayèrent de secouer le joug des Anglais. Ils se rassemblent au nombre de plus de cinquante mille hommes, cernent la ville, s'emparent de l'abbaye dont ils détruisent les fortifications; mais, contrariés par la saison, sans provisions et sans artillerie, cette entreprise fut sans succès. Ils se retirent en désordre, les Anglais sortent sur leurs pas, ravagent et pillent tout le mobilier de l'église et de l'abbaye. Enfin Charles VII, en 1450, prit encore position dans l'abbaye de Saint-Étienne, lorsqu'il chassa les Anglais et rentra en possession de la ville (1).

La consécration de l'église Saint-Étienne fut faite en 1077 avec autant de pompe que l'avait été celle de la Trinité, au milieu d'un grand concours de prélats et de personnages de distinction. Guillaume, pour rendre ce temple plus vénérable, avait fait venir de Besançon des reliques de Saint-Étienne qu'il avait choisi pour patron, et les historiens du temps assurent que leur présence opéra plusieurs miracles. On peut voir dans les actes de cette époque et dans les chartes, les dotations considérables, les droits, les priviléges (2) et les présents magnifiques dont le duc et les seigneurs de sa cour gratifièrent ce nouveau monastère. Guillaume lui légua, en outre, en mourant, son sceptre, sa couronne, sa main de justice, des chandeliers d'or, tous les ornements royaux (3) et une coupe émaillée, ornée de pierres précieuses et de médailles antiques, dans laquelle il avait placé, dit-on, la charte de fondation de l'abbaye, et qu'il posa sur l'autel le jour de la dédicace de l'église (4).

(1) L'abbaye Saint-Étienne avait été fortifiée dans l'origine comme celle de Sainte-Trinité; mais soit qu'elle fût mal défendue, soit que la position fut défavorable, cette précaution fut inutile et presque toujours nuisible à la ville.

(2) Au nombre de ceux-ci, les religieux de Saint-Étienne jouissaient, comme les religieuses de la Trinité, de tous les droits, redevances et péages de la ville pendant trois jours, et faisaient aussi apposer leurs armes sur les portes.

(3) Ces ornements et ces insignes furent rachetés par Henri Ier, fils du Conquérant.

(4) Cette coupe, conservée jusqu'à la révolution dans le trésor de l'abbaye, est aujourd'hui à la possession de M. l'abbé de La Rue, auteur des Essais historiques sur la ville de Caen, qui a eu la complaisance de nous la faire voir. Elle est fort belle et de haute curiosité; son diamètre est d'environ 8 pouces; elle est montée sur un pied

Un grand nombre de savants personnages, de prélats distingués, sont sortis de l'abbaye Saint-Étienne; et beaucoup d'ouvrages utiles aux arts, à la littérature, à l'histoire, sont dus aux plumes fécondes des laborieux cénobites qui, pendant plus de sept siècles, ont illustré cette maison.

également émaillé, et est ornée de pierres précieuses, de 40 médailles romaines montées à jour, et d'une médaille grecque qui forme le fond du vase. Ducarel, qui avait vu cette coupe dans le trésor de l'abbaye, en fait également l'éloge, et nous en a donné une description exacte. (*Antiquités anglo-normandes*, page 98 de la traduction. Caen, *Mancel*, 1823.)

ÉGLISE PAROISSIALE DE SAINT-NICOLAS.

Non loin de l'église Saint-Étienne, à droite de la route neuve de Caen à Bayeux, on trouve l'ancienne église de la paroisse Saint-Nicolas, surnommée des Champs, parce qu'en effet elle fut dans l'origine construite dans les champs, et qu'elle est encore aujourd'hui hors les murs et trèsvoisine de la campagne. Une querelle survenue entre l'abbesse de la Trinité et l'abbé de Saint-Étienne sur le patronage des paroisses dont le territoire faisait partie du Bourg-l'Abbé, et que chacun réclamait, fut la cause de la fondation de cette paroisse, dont les moines firent bâtir l'église vers l'an 1083. Cette paroisse qui ne contenait alors que cinq habitations, s'augmenta bientôt d'une grande partie de celles qui s'élevèrent rapidement dans le voisinage de l'abbaye, et qui forment aujourd'hui un faubourg considérable. L'église (pl. 19), qui depuis longtemps ne sert plus au culte catholique, et qu'on a transformée en écurie militaire!... et en magasins de fourrages, est peut-être le seul monument actuel en Normandie qui présente, dans toute sa pureté, sans mélange d'ornements étrangers, et sans altérations modernes, le type de l'architecture française du XIe siècle. Placée au milieu d'un cimetière, aucune construction adjacente n'en intercepte les différents aspects, et l'œil du curieux peut, mieux que partout ailleurs, en examiner la structure. Outre sa disposition en croix latine, les arcs à plain-cintre à plusieurs retraites denticulées, les contre-forts, et les mascarons à figures chimériques, toutes choses que nous avons déjà observées dans les édifices de ce temps. Il faut particulièrement remarquer ici la forme de la tour audessus de la croisée, peu élevée et surmontée d'une toiture à pignon, seul genre de clocher qu'une simple église de paroisse pût avoir alors; le chevet demi-circulaire, semblable à celui de l'abbaye Sainte-Trinité, mais recouvert d'un toit de figure conique en pierres plates superposées, formant des retraites horizontales, et plus élevé que le reste de l'église ; la disposition des bas côtés interrompus par la croisée et qui ne régnent point autour du chœur ; enfin ces petites chapelles basses, également demi-circulaires et surmontées de toits coniques en pierres superposées à l'extérieur du mur de la croisée opposé à la nef, et l'on se formera une idée parfaite du mode de construction religieuse adopté presque uniformément à cette époque, ainsi que nous venons de le dire. Quant à la tour que l'on aperçoit à l'ouest attenante au portail, elle est plus moderne de près d'un siècle, et n'a de remarquable qu'une certaine élégance, et la forme singulière de sa toiture en pierre et du petit clocher qui la termine.

N'ayant pu pénétrer que pour peu d'instants dans ce monument, alors rempli de chevaux, de fumier et de foin, et fort obscur parce qu'on en avait bouché les fenêtres, il nous serait impossible d'en décrire l'intérieur, qui d'ailleurs est entièrement défiguré.

C'était dans l'église Saint-Nicolas que se rendaient au XIIe siècle les jugements apostoliques en matière œcuménique, prononcés par des commissaires délégués par les papes, et que les appels en cour de Rome rendaient alors très-fréquents (1).

(1) Voyez Essais historiques, t. 3 p. 336.

RUINES DE L'ÉGLISE OU CHAPELLE DE SAINTE-PAIX.

Des souvenirs intéressants se rattachent aux ruines de cette église (pl. 20), d'un aspect d'ailleurs si pittoresque, souvenirs qui sont inconnus aujourd'hui à la plupart des habitants de la ville de Caen. Ce n'est point en raison de la grandeur ni de la magnificence de l'architecture que ce monument mérite une place dans notre recueil. Ce n'était qu'une simple chapelle, mais elle fut fondée par le duc Guillaume en mémoire d'un concile qu'il convoqua à Caen dont les résultats assurèrent la tranquillité dans ses états par l'établissement de sages réglements, et ont prouvé que ce grand prince ne s'occupait pas moins d'affermir sa puissance par le bonheur de ses peuples que par des conquêtes; ce fait important, certain caractère de l'antique que le hasard a imprimé à ces débris, et ce charme qui leur est acquis, comme aux monuments beaucoup plus importants que nous avons déjà décrits, par la pensée toujours attachante de leur passage à travers une longue suite de siècles, nous ont paru des motifs suffisants pour attacher quelque prix à la vue de cette jolie fabrique.

Les priviléges extraordinaires et l'autorité presque souveraine dont jouissaient dans les premiers temps de la monarchie les seigneurs *de fief*, fondés sur le droit public des anciens Germains et sur l'usage établi par les rois de la première race, étaient dégénérés tellement en abus vers le commencement du XIe siècle que beaucoup d'entre eux, et même de simples particuliers, méprisant les droits les plus sacrés et les lois les plus naturelles, commettaient les plus injustes violences, se faisaient justice à eux-mêmes par la force des armes, n'épargnant ni le fer ni le feu, ravageaient les terres, les villages, et bravaient impunément la puissance royale et l'indigne faiblesse des magistrats. Ce fut en vain que Charlemagne et ses successeurs firent tous leurs efforts pour réprimer de pareils excès, et les législateurs n'y fussent peut-être pas parvenus si la religion ne leur eût fourni un utile secours. Malgré la corruption des mœurs et l'ignorance du siècle, la crainte de Dieu et des châtiments célestes étaient restés dans le cœur de l'homme, et tel qu'aucun principe de justice n'empêchait d'user de violence envers son semblable, se prosternant devant une croix ou suspendait son glaive quand il était menacé de l'excommunication. Mettant donc à profit cette utile disposition des esprits, les évêques et les barons réunis en assemblée générale, convaincus qu'on ne pourrait, tout-à-coup et sans de plus grands dangers peut-être, détruire un usage que l'habitude et la force avaient enraciné, décrétèrent qu'il y aurait des jours consacrés par les mystères religieux, pendant lesquels il ne serait pas permis de poursuivre son ennemi, ni d'exercer aucune voie de fait, sous peine de certaines amendes, d'anathème et d'excommunication. Cette loi fut appelée *loi de paix* ou *trêve-Dieu*, parce qu'en effet elle établissait une espèce de suspension d'armes pendant ces jours-là. Cette loi était ainsi conçue, suivant les termes des chroniques: « Il fut fait une « telle loi que de mercredi soleil couchant jusqu'au lundi soleil levant, « paix serait entre les peuples. Que l'ung ne mefferoit à l'autre ne par fait « ne par dict, et quiconque feroit le contraire il payeroit une amende de « dix livres à la volonté du prince ou de l'évêque, et seroit excommunié, « et pour ce fust ordonné que ce temps seroit appelé trêve-Dieu; et ces « ordonnances jurèrent tous les prélats et barons qu'ils les tenroient et « feroient tenir sans enfreindre etc. ». Quelque latitude que ce règlement laissât à l'arbitraire et quelque barbare qu'il puisse paraître, ce fut toujours un pas vers la civilisation et un ordre de choses meilleur que les princes s'empressèrent d'adopter et d'établir dans leurs états malgré les difficultés sans nombre qu'ils eurent à surmonter. Guillaume, qui outre le bien général trouvait dans cette loi un moyen d'humilier des seigneurs dont il avait à se plaindre, ne fut point un des derniers à l'introduire en Normandie; pour donner à cette mesure plus d'énergie et de solennité, il assembla avec tout l'appareil convenable un concile dans la ville de Caen, où furent réunis les barons, les prélats et les abbés de la province; là tous jurèrent sur les évangiles et sur les reliques de saint Romain et de saint Ouen que le duc avait fait apporter en grande pompe de Rouen, non-seulement de se soumettre à la *Trêve-Dieu* et de la faire observer, mais encore ils décrétèrent entre autres choses utiles que les abbés et les évêques résideraient à l'avenir dans leurs siéges, que chaque jour, à huit heures du soir, on sonnerait la cloche pour appeler le peuple à la prière et l'avertir de ne plus sortir et de fermer sa porte; ce qu'on appela le couvre-feu, usage qui passa en Angleterre et dans quelques contrées de la France.

Tel fut l'évènement important dont Guillaume voulut rendre grace à Dieu, et conserver la mémoire en faisant édifier, près de la ville, en un lieu où avaient été déposées les reliques, la chapelle dont il ne nous reste plus que des vestiges, qu'il dédia à tous les Saints et qu'il nomma *Sainte-paix de Toussaints*. Cette chapelle, devenue dans la suite église paroissiale, ravagée par les protestants en 1562, puis rétablie, a été tout-à-fait abandonnée en 1793 et est tombée en ruine. Nous devons la conservation de ce qui en subsiste encore à un artiste estimable de la ville de Caen (1), que son goût pour la peinture rendait amateur des fabriques pittoresques; devenu propriétaire de celle-ci, il l'entoura d'un jardin planté d'arbres, et l'orna d'un petit péristyle où il se plaisait souvent à venir dans la solitude exercer son art, et se livrer à la méditation (2).

(1) M. Floriot

(2) Cette propriété appartient encore aujourd'hui à une personne de sa famille, qui la conserve dans le même état par respect pour la mémoire de son parent, et qui nous a permis d'en prendre un dessin avec beaucoup de complaisance et d'affabilité.

ANCIENNE ÉGLISE PAROISSIALE DE SAINT-SAUVEUR.

La paroisse Saint-Sauveur, dont la fondation est attribuée à saint Regnobert, est, comme nous l'avons observé, pag. 4 note 1, une de celles dont la réunion formait l'ancien Caen. On l'appelait Saint-Sauveur-du-Marché, parce que de temps immémorial il se tenait un marché sur la grande place, vis-à-vis le portail occidental. Nous lisons dans les Essais historiques sur la ville de Caen, par M. l'abbé de La Rue, que l'église ne consistait jadis que dans ce qui forme aujourd'hui la croisée et la portion inférieure de la tour qui la surmonte. Cette partie dans le goût des constructions du commencement du XIIe siècle est en effet la plus ancienne. La tour fut exhaussée de douze pieds en 1604, et l'année suivante surmontée d'une flèche aiguë en bois, couverte d'ardoise. Enfin la nef a été bâtie dans le XIVe siècle, et le chœur commencé en 1530 a été achevé en 1546.

Quoique cette église aujourd'hui abandonnée et convertie en halle aux grains n'offre comme monument qu'un médiocre intérêt, nous en avons placé ici une vue extérieure très-pittoresque par elle-même, et qui fournit plus d'une observation curieuse, soit par la diversité des styles, soit par la forme singulière et hardie du clocher en charpente, soit enfin parce qu'on trouve dans la construction de la tour un exemple assez rare de l'emploi de l'arc ogive, encore nouveau alors, avec des ornements saxons et mauresques, tels que les zig-zag, les guillochés et les denticules. (Pl. 21.)

L'intérieur entièrement délabré n'a plus rien qui puisse fixer l'attention, excepté quelques restes de vitraux peints et une sculpture assez singulière que l'on voit sur un des piliers de la tour, représentant une figure de mendiant, marchant sur les genoux, appuyé d'un bras sur une béquille, et tenant de la main gauche son chapeau ou une sébile qu'il paraît tendre pour recevoir, et dont nous donnons un dessin (pl. 21 *bis*), ainsi que d'un médaillon représentant une figure à triple face, sculptée sur un des piliers butants à l'extérieur du chœur.

C'est sur cette paroisse que furent toujours situés, jusqu'à la révolution, les établissements d'instruction publique, les colléges et l'université. Les bâtiments qu'occupaient ces établissements ou n'existent plus ou sont de construction moderne, et n'ont d'ailleurs rien qui soit digne de remarque.

Une rue dépendant de la même paroisse, appelée la rue aux Namps, fut pendant long-temps, dans les XVe et XVIe siècles, le lieu où l'on donnait en public les représentations des mystéres et des miracles auxquels prenaient part les régents et les écoliers de l'université. Le plan incliné de cette rue et les porches des maisons qui l'entouraient la rendaient favorable à ces sortes de solennités théâtrales (1).

Enfin c'est dans une des maisons de cette même rue qu'habita, pendant près de vingt-cinq ans, Michel Angier, un des plus anciens et des plus célébres imprimeurs de ce temps, élève de Robert Macé, et dont les

(1) M. De Bras rapporte qu'on jouait de son temps *les Mystéres de l'Hostie*; celui des *douze fils de Jacob*, *d'Abraham et d'Isaac*; *les Miracles de sainte Honorine et de saint Sébastien*, etc. Les régents et les écoliers des colléges et de l'université parcouraient les carrefours, montés sur des charrettes, en jouant des parades ou bouffonneries, pour inviter le peuple à assister aux piéces saintes ou moralités qu'on jouait dans les colléges. L'abbesse de la Trinité sortait de son monastére pour voir jouer ces mystéres, et donnait aux acteurs pour elle et la religieuse qui l'accompagnait, une somme de dix sous équivalente à 7 liv. 14 s. de notre monnaie. On jouait plus anciennement encore à Caen des mystéres et des miracles. Raoul Tortaire, dans un voyage qu'il fit dans cette ville au commencement du 12e siècle, parle des spectacles que le duc Henry Ier donnait aux habitans, et l'on sait que dans le même siècle les Normands portèrent en Angleterre le goût de ces piéces saintes qu'on y jouait dès l'année 1110.

Ce fu le célébre docteur Jacques de Cahagnes qui le premier introduisit à Caen les piéces régulières; il traduisit pour cet effet l'Avare de Plaute en 1570; et en 1580, une tragédie de Joseph qui fut jouée en 1584, par les jeunes gens les plus marquants de la ville. (Nous empruntons ces détails intéressants dans l'ouvrage de M. l'abbé de la Rue, t. I, p. 205.)

presses ont produit un grand nombre d'éditions estimées, devenues aujourd'hui fort curieuses et rares. Il mourut en 1566, après avoir rempli quelques temps les fonctions d'échevin, et fut enterré dans l'église Saint-Sauveur (1).

(1) MM. de Bras, Huet et de la Rue nous ont laissé sur les collèges et universités de Caen, sur les représentations des mystères, et sur la vie et les travaux de Michel Angier, une foule de détails très-intéressants, auxquels nous renvoyons le lecteur.

ÉGLISE PAROISSIALE DE SAINT-PIERRE.

La paroisse Saint-Pierre est encore une de celles de l'ancienne ville de Caen, dont l'origine incertaine est attribuée à Saint-Regnobert, qui prêchait la foi aux Saxons dans le VIIe siècle; tout porte à croire en effet que sa fondation est aussi ancienne que la ville. On la nommait d'abord *Saint-Pierre de Darnetal*, expression du peuple du Nord qui signifie *Saint-Pierre de la Vallée* (1), et indiquait sa position sur le bord de la rivière, au pied du coteau sur lequel est bâti le château et la ville, ce qui lui fit donner aussi dans la suite le nom de *Saint-Pierre-sous-Caen* (2), autre dénomination dont M. l'abbé de La Rue tire avec assez de raison une nouvelle preuve que le château et les parties qui l'avoisinent furent le berceau de la ville de Caen (3). L'église actuelle est loin de revendiquer une date aussi ancienne; son architecture est de plusieurs siècles et irrégulière; mais elle présente plusieurs parties fort remarquables, et mérite d'être considérée comme une des plus belles églises de Caen. La tour toute en pierre, terminée en pyramide, est un chef-d'œuvre de hardiesse et d'élégance. Elle fut bâtie en 1308, ainsi qu'une partie de la nef et les trois portails, dont l'un forme l'entrée de la nef centrale, et les deux autres sont deux espèces de porches qui introduisent aux sous-ailes ou bas-côtés. Une épitaphe en vers, pleins de charme et de naïveté, rapportée

(1) Il existe encore en Normandie beaucoup d'endroits et de villages qui portent ce nom, conforme à leur situation, telle que la ville de Darnetal près de Rouen, célèbre par ses manufactures.

(2) Elle était encore appelée Saint-Pierre-sur-Rive.

(3) Et non sur le territoire de la paroisse appelée Saint-Étienne-le-Vieux, vers le Bourg-l'Abbé, comme l'a prétendu M. Huet.

par M. de Bras dans ses recherches sur la ville de Caen, nous apprend le nom du citoyen généreux à qui l'on doit ce bel édifice. Moins justes envers l'architecte, la tradition ni l'histoire ne nous en ont point transmis le nom. Comme ces morceaux de littérature en vieux langage inspirent presque autant d'intérêt que les monuments auxquels ils ont rapport, nous transcrivons ici cette épitaphe.

LE VENDREDY DEVANT TOUT DROICT
LA SAINT-CLERQUE LE TEMPS N'EST PRIST,
TREPASSA NICOLLE L'ANGLOIS
L'AN MIL TROIS CENT ET DIX-SEPT;
SON CORPS GIST CY, L'AME A DIEU SOIT,
CHACUN EN PRIE, CAR C'EST BIEN DROICT.

BOURGEOIS ÉTOIT DE NOBLE GUISE;
MOULT (1) DE BIEN FIST EN CESTE ÉGLISE,   (1) beaucoup
TRÉSORIER EN FUST LONGUEMENT,
ET PAR LUY ET PAR SA DEVISE (2)   (2) ses discours
FUST LA TOUR EN SA VOYE MISE
D'ESTRE FAICTE SI NOBLEMENT.

PREUD'HOM FIOIT, COURTOIS ET SAGE,
ET SANS ORGUEIL ET SANS OUTRAGE,
DE TOUS GENS CHÉRY ET AIMÉ;
DE SA MORT CE FUT GRAND DOMMAGE,
SON ESPRIT SOIT EN L'HÉRITAGE
DE PARADIS SOIT HOIR (3) CLAMÉ.   (3) soit proclamé héritier du paradis

O ICY GIST SA FEMME PREMIÈRE   (4) près de lui
QUI MOULT FUT DE NOBLE MANIERE,
ET Y'DOIT NOMMÉE GERMAINE.
ENVERS DIEU FUT MOULT AUMOSNIERE
QUI LES METTRA EN SA PRIÈRE,
DIEU LES METTE EN BONNE SEPMAINE.

LE JOUR QUE CE MONDE PASSA,
ET DE CE SIECLE TREPASSA
CE FUST LE SECOND JOUR D'OCTOBRE
L'AN MIL TROIS CENT ET DIX-SEPT,
GRAND DOMMAGE FUST, COMME ON SÇAIT
CAR ELLE ESTOIT BIEN SAGE ET SOBRE;
OR PRIEZ PAR DÉVOTION
QU'ILS AYENT PLEINE REMISSION.

1317

L'historien qui nous a conservé l'éloge de ces gens de bien ne nous dit point où était placé leur tombeau, ni quand il fut détruit.

La tour de l'église Saint-Pierre a 220 pieds de haut; le dé ou la tour proprement dite est couronnée d'une petite terrasse ornée d'une balustrade et de huit clochetons à jour très-délicatement travaillés; la flèche construite en pierre de quatre doigts d'épaisseur, liée en-dedans par des crampons de fer, est d'une telle solidité, que les intempéries des saisons n'y ont point encore produit d'altération sensible, et l'on remarque avec non moins d'étonnement que les fleurons qui se détachent en saillie sur les angles et au sommet, sont parfaitement conservés malgré leur extrême ténuité (1). Le portail ou porche placé sous cette tour, dont la façade donne sur la place Saint-Pierre, avait été terminé et orné de statues en 1608. Des ouvriers inhabiles, en le réparant dans ces temps modernes, lui ont ôté son caractère primitif. Le portail occidental ou grand portail (pl. 22) a sa façade sur la place dite du Marché-Neuf. Il ne fut terminé qu'en 1384. Son aspect est irrégulier, mais pittoresque, et plusieurs traits de la vie de saint Pierre étaient sculptés en différents tableaux sur le tympan qui surmonte la porte. Ces ornements ont été en grande partie détruits en 1793. Le troisième portail enfin, ou portail du nord, du côté opposé à la tour, est petit, mais fort élégant. Les sculptures du tympan représentaient aussi en plusieurs tableaux le jugement dernier, bas-reliefs fort curieux que l'on trouve avec peu de différence sur la porte principale de beaucoup d'églises de cette époque; ceux-ci sont très endommagés et la porte a été murée.

(1) Cette flèche est percée de 48 ouvertures en forme d'étoiles, ce qui contribue à sa solidité en neutralisant l'action des vents.

En 1549, un jeune Breton nommé Jean Gladran entreprit, en présence d'un grand concours de peuple, de monter sur cette flèche par dehors, en posant les pieds et les mains sur les fleurons et dans les ouvertures sans aucune autre aide, gravissant comme à une échelle malgré l'impression de l'air et la crainte que devait produire l'élévation. Parvenu à la croix, il s'y tint assis, chanta plusieurs chansons, enleva le coq, auquel il y avait quelques réparations à faire, puis le replaça de la même manière avec plus de témérité que de sagesse. Il y a beaucoup d'autres villes où l'on raconte avec plaisir aux étrangers quelques tours de force semblables.

Il est certain que la construction de l'église Saint-Pierre fut souvent interrompue soit par les affaires publiques soit par défaut d'argent, et que dans chaque siècle on ajoutait un peu à ce qui existait déjà, tellement que jusqu'en 1519 les derniers travaux n'avaient été que provisoires, qu'à cette époque l'extrémité du chœur n'était close que par une muraille de cailloutage, percée par un immense vitrail qui en occupait la plus grande partie, et fut entièrement fracassé, cette même année, par un vent épouvantable qui causa dans la ville de très-grands ravages. Ce fut alors que l'on s'occupa de réaliser le projet conçu quelques années avant de terminer cet édifice, et pour lequel on avait déjà obtenu du roi Louis XI venu à Caen en 1473 l'autorisation de prendre le terrain nécessaire sur les murs de la ville, et même dans la rivière qui en baignait les fondements. Hector Soyer, architecte, né à Caen, fut chargé des plans et de la direction de l'entreprise; il s'en acquitta en artiste habile et en homme de génie. Le chevet de l'église Saint-Pierre et le rond point (pl. 23) sont regardés avec raison comme un chef-d'œuvre de bon goût, de délicatesse et d'élégance; c'est un des morceaux les plus curieux et les plus parfaits qui aient signalé la renaissance des arts, et il en existe sans doute fort peu en France qui puissent lui être comparés. Il serait difficile d'en donner une description satisfaisante et complète; les yeux, dans ce cas, instruisent mieux que les paroles, et nous avons essayé dans notre dessin d'en rendre fidèlement l'aspect. Mais ce n'est que sur le lieu même qu'il est possible d'admirer la richesse des détails, et de juger du mérite de l'exécution (1).

Nous ne pensons pas que Hector Soyer, cet architecte modeste habitant de la ville de Caen, ait jamais concouru pour les grands prix d'architecture, et qu'il ait été l'élève de tel ou tel qui de son temps fût proclamé chef d'école. Il n'y avait point alors en France de capitale des beaux arts; leur domaine était de tous les pays et de tous les lieux; un simple village recelait sou-

(1) Combien ne doit-on pas s'affliger du peu de soin que l'on met à sa conservation! Les ravages du temps, déjà trop visiblement écrits, réclament de promptes réparations, et tout en élevant à grands frais dans le nouveau style quelques bâtimens dont on prétend orner la ville, serait-il inutile de prévenir la destruction d'un chef-d'œuvre qui, pour être *un peu gothique*, n'en est pas moins un des plus beaux ornements de la ville de Caen?

vent un artiste extraordinaire, un savant profond, un ouvrier fameux qui tous, dans leurs conceptions, ne connaissaient d'autres règles que le génie, seule ressource du talent même dans ses écarts. Avant qu'un système de centralisation eût fixé à Paris le monopole des arts, on admirait dans chaque province les fruits d'une noble émulation, et cette originalité, cette variété piquante dans les productions qui naissaient d'une heureuse rivalité, du désir de créer en parcourant des routes nouvelles sans avoir à redouter la censure d'un aréopage académique. C'était de leurs compatriotes que les artistes recevaient l'éloge ou le blâme, et le public alors n'attendait pas, pour prononcer, l'avis d'un journaliste gagé, ou les instructions officielles de la compagnie savante. Les beaux arts auraient-ils donc été plus libres à une époque signalée comme celle du despotisme que dans un siècle où les peuples proclament avec tant d'emphase leur liberté politique ? Du moins il nous sera permis de nous écrier : honneur aux peuples qui ont su proscrire ces suprématies d'école qui compriment l'essort du génie! honneur aux provinces, aux villes qui ont nourri dans leurs foyers des hommes qui ne devaient leurs talents qu'à eux seuls, et qui ont élevé des monuments glorieux sans l'approbation d'un comité! honneur enfin aux temps, où pour bâtir un temple, orner un palais, élever une fontaine dans quelque endroit de la France, il ne fallait point expédier de la capitale un architecte des menus plaisirs ou un décorateur de l'opéra! On ne blâmera point sans doute ici cette réflexion, qui naît naturellement du sujet, et que nous pouvons affirmer n'avoir été dictée par aucun autre intérêt que celui de l'art lui-même (1).

L'intérieur des chapelles qui forment le rond point et le chevet du cœur (pl. 24 *bis*), n'est pas moins magnifique que l'extérieur. On remarque, outre leur disposition particulière, la multiplicité et la variété des décorations, et surtout l'étonnante construction des voûtes chargées de nervures et de pendentifs de la plus grande légèreté, dont la profusion est distribuée avec tant d'art et de discernement qu'elle charme

____

(1) Ceci soit dit pour repousser tout soupçon de plainte personnelle ou de récrimination envers qui que ce soit.

l'œil sans le fatiguer (1). Le reste de l'église présente comme au dehors le passage de différents siècles, sans d'autres particularités remarquables que quelques fragments de beaux vitraux qui furent en partie brisés par les protestants, et quelques sculptures fort grossières formant les chapiteaux de deux piliers de la nef. Elles représentent des sujets tirés des fabliaux ou romans en vers du temps. M. l'abbé de la Rue (*Essais historiques sur la ville de Caen*, t. I, pag. 97 et suiv.) nous en a donné une explication satisfaisante, en essayant moins heureusement de justifier l'emploi de semblables tableaux dans un monument religieux (2).

(1) Les voûtes du chœur furent faites en ce même temps par le même architecte ; elles sont aussi fort belles, et décorées d'un riche pendentif au milieu duquel est placée l'image de saint Pierre. On trouve en Angleterre de nombreux exemples de ces voûtes à nervures multipliées et à pendentifs extraordinaires.

(2) Nous donnons un dessin de ces reliefs (planche 25), et ici leur explication extraite des *Essais historiques*.

N°. 1. Le philosophe Aristote portant sur son dos sa maîtresse, qui avait exigé de lui de la conduire ainsi jusqu'au palais d'Alexandre. (*Lai d'Aristote*, par Henri d'Audely, trouvère normand.)

N°. 2. Messire Yvrains, un des chevaliers de la Table-Ronde, monté sur un lion : il était surnommé *le chevalier au lion*.

N°. 3. Tristan de Léonois, autre chevalier de la Table-Ronde, traverse la mer sur son épée, pour aller trouver sa maîtresse qui l'attend avec son chien sur la rive opposée. (Épisode du roman de Tristan de Léonois, par Chrétien de Troyes.)

N°. 4. Un Phénix, et un Pélican nourrissant ses petits.

N°. 5. Virgile dans un panier suspendu au haut d'un mur. (Extrait d'un roman du moyen âge, dans lequel on suppose que Virgile, considéré à Rome comme un enchanteur, a demandé un rendez-vous à une courtisane qui ne le lui accorde qu'à condition qu'il n'entrera chez elle que de nuit, et qu'il se laissera hisser dans un panier. Le poète accepte ; mais lorsqu'il est à moitié chemin, la courtisane fixe la corde, et le laisse ainsi passer la nuit dans le panier : au point du jour les Romains accourent, et se réjouissent beaucoup de voir l'enchanteur pris.)

N°. 6. Un chasseur poursuivant une licorne, qui se réfugie près d'une jeune fille. Cet animal était regardé chez les Anciens comme le symbole de la pureté, et ils pensaient qu'on ne pouvait le prendre qu'en plaçant une jeune vierge sur son passage, parce qu'il s'arrêtait toujours près d'elle.

N°. 7. Lancelot du Lac consent à traverser les rues de Rome monté dans une charrette (chose ignominieuse alors), pour retrouver la reine Genèvre, sa maîtresse, qu'on

L'église Saint-Pierre fut long-temps située au milieu d'un vaste cimetière (1), où se sont formées peu à peu trois places publiques; l'une qui est la principale vis-à-vis la façade méridionale de l'église, est appelée place Saint-Pierre ou carrefour des rues Saint-Jean, Saint-Pierre et de Geole (2). C'est le lieu ou se tient le marché aux fruits et aux légumes; jadis les criminels condamnés au supplice faisaient amende honorable sur cette place, devant le portail de l'église, avant d'aller à l'échafaud; et la veille de la fête de Saint-Pierre on avait coutume d'y allumer un grand feu en

lui avait enlevée (roman de Lancelot du Lac). Cette dernière explication ne nous paraît pas convenir parfaitement au sujet représenté.

Il est probable que ces chapiteaux n'ont point été faits pour la place qu'ils occupent, mais qu'ils proviennent de quelque autre monument, et qu'on les aura employés ici sans qu'on y trouvât d'inconvenance ou sans en connaître les sujets.

(1) En 1747, il existait dans ce cimetière une cellule attenante à l'église, dans laquelle vivait une jeune anachorète nommée Colette. Lorsque Henri V, roi d'Angleterre, eut pris la ville, il fut informé de la haute réputation de piété et de vertu de cette sainte fille; il voulut la voir, et lui accorda une pension de quarante écus d'or, par lettres-patentes enregistrées au château de Caen en 1418. On trouve à la Chambre des Comptes de Paris, N°ᵈ 35638 et 35639, et à la Bibliothèque royale, manuscrits de Gaignou, N° 268, les quittances de cette recluse, datées de 1424, et celles de Guillaume Cave, abbé de Caen, son directeur, qui recevait cette somme pour elle jusqu'en 1422. M. l'abbé de la Rue, qui nous rapporte cette anecdote, présume que cette femme devait être la bienheureuse Colette, autorisée par l'anti-pape Pierre de Lune pour reformer les religieuses de Sainte-Claire, et qui séjourna dans plusieurs villes de France (Essais hist., t. I, p. 104). C'était aussi près de ce lieu qu'était établie, en 1500, l'imprimerie de Robert Macé, dont les descendants ont acquis une grande célébrité dans l'art typographique à Caen et à Rouen, et formèrent le fameux Christophe Plantin dont les presses ont illustré la ville d'Anvers. (Ibid.)

(2) La place Saint-Pierre n'a été formée et entourée de maisons que vers l'an 1633. Lorsqu'on repara cette place en 1816, on y découvrit des réservoirs d'eau et des souterrains qui se dirigeaient vers le château, mais dont on ignore l'usage et l'étendue. Un homme non moins connu à Caen par ses bienfaits que par son caractère singulier, par ses écrits satiriques et les mystifications dont il fut souvent l'objet, dont on lit un récit fort plaisant dans un ouvrage intitulé *La Mandarinade*, imprimé à Caen, avait orné la place Saint-Pierre de trois belles statues représentant Notre Seigneur, la sainte Vierge et sainte Cécile; elles ont été détruites avant la révolution. Il s'était aussi proposé d'y établir une fontaine d'eau jaillissante; mais ce projet n'eut point d'exécution, parce que la ville lui refusa la permission d'y faire sculpter ses armes.

présence du clergé qui chantait le *Te Deum*, du commandant de la place, du maire, des échevins, des autres autorités et d'un grand concours de peuple qui, après la cérémonie, formait des danses, et se livrait à la joie fort avant dans la nuit. La seconde, en face du portail occidental (pl. 29), est appelée le marché-neuf, nom qui lui fut donné en 1522, après qu'on eut abattu des boulangeries et des halles au pain qui y existaient auparavant. La troisième enfin, au côté septentrional de l'église, est un petit espace clos de murs et destiné à la vente du poisson. Lorsque ce lieu faisait partie du cimetière, la poissonnerie était établie en dehors du mur, dans la partie appelée aujourd'hui la rue de la poissonnerie, et qui était primitivement ornée de trois belles fontaines que le trésorier de la paroisse Saint-Pierre fit détruire, nonobstant l'engagement formel qu'il avait pris de les conserver, en réclamant pour son utilité particulière une partie de ce terrain (1). L'extrémité basse de cette place n'était point alors bâtie, et formait dans cette partie un port où les vaisseaux venaient charger et décharger les marchandises, et dont il est encore fait mention dans un acte de 1629.

Enfin, c'était dans l'église Saint-Pierre, considérée jusqu'à l'année 1793 comme la principale église de Caen, que l'on célébrait les cérémonies publiques, les messes d'actions de grace et les Te Deum solennels auxquels assistaient les dignitaires et les autorités civiles et militaires; on s'y assemblait également pour les processions générales, les services funèbres, et les rois, les princes, les prélats et les personnages de distinction y étaient reçus avec les honneurs d'usage, pendant leur séjour dans la ville, ou à leur passage (2).

(1) Les étrangers remarquent avec surprise qu'on ne trouve point à Caen de fontaines publiques, et qu'on ne paraît pas s'être encore occupé d'établir des monuments si agréables et si utiles dans une ville où plusieurs belles places semblent réclamer cet ornement. M. De Bras, homme zélé pour le bien-être de ses concitoyens, exhortait de son temps les magistrats à s'occuper de cet objet, leur indiquait des moyens d'amener l'eau dans la ville, et y offrait de ses biens. (*Recherches et Antiquités de la ville de Caen*, pag. 17.)

(2) Depuis quelques années, c'est dans l'église beaucoup plus vaste de l'ancienne abbaye de Saint-Étienne que ces sortes de cérémonies ont lieu.

ÉGLISE PAROISSIALE DE SAINT-JEAN.

Lorsque le quartier Saint-Jean n'était encore qu'une vaste prairie, traversée par une chaussée qui conduisait de l'Hiemois au Bessin (voyez pag. 4 note 1), il existait déjà une église désignée sous le titre de Saint-Jean-des-Prés, et par conséquent quelques habitations qui formaient dès cette époque une petite paroisse. Lorsque le duc Robert, en changeant le cours de la rivière, eut formé de ce territoire une île qu'il fortifia, et qui devint bientôt une nouvelle ville, l'église prit le nom de Saint-Jean-en-l'île, et devint une des plus considérables paroisses de la ville de Caen. Mais, si la fondation de cette église et sa construction primitive remontent à des temps qui nous sont peu connus, l'église actuelle est plus récente, et fut commencée dans le XIVe siècle; le portail, la première tour et la nef sont de cette époque; le chœur et la croisée sont du commencement du XVe siècle, et on travaillait encore à la tour du milieu lorsque vivait M. de Bras, c'est-à-dire vers l'an 1520 (1). La construction de cette église fut souvent interrompue par les guerres, et l'édifice souffrit beaucoup lors du siége de Caen en 1417. Ces différentes causes ont nui sans doute à l'ensemble de ce monument, dont le plan d'ailleurs est vaste, et la structure d'un bel aspect sans rien offrir de remarquable. Il paraît que le peu de solidité du terrain, sans doute très-marécageux, ou quelque défectuosité dans les fondements, n'a pas permis d'achever les deux tours qui sont restées imparfaites, et qui, par leur élégance, étaient destinées à faire le plus bel ornement de cet édifice. On assure que celle de la croisée s'affaissait à mesure qu'on l'élevait, et celle du portail a tellement perdu de son aplomb qu'on ne peut consi-

(1) Recherches et antiquités de la ville de Caen, page 39.

dérer sans quelque inquiétude son inclinaison presque aussi surprenante que celle de la fameuse tour de Pise (1). L'intérieur présente quelques belles parties et un ensemble assez majestueux ; on y retrouve plusieurs fragments de riches vitraux et deux statues, l'une de Saint-Jean Baptiste, l'autre de Saint Jean l'évangéliste, sculptées par Postel, artiste distingué de son temps et originaire de la ville de Caen. Cette église possédait encore un fort beau tableau, représentant le baptême de Notre-Seigneur, peint par le célèbre Le Brun, et dont M. Huet avait fait don à cette église où il avait été baptisé (2) ; cette peinture appartient au musée de la ville.

C'est dans l'église Saint-Jean que fut enterré M. de Bras, magistrat recommandable, homme fort instruit, qui le premier recueillit les antiquités de son pays, et que nous avons eu occasion plusieurs fois de citer dans ce recueil (3). La maison qu'il habita existe encore dans la rue Guilbert, à peu de distance de l'église. Dans une autre maison de cette paroisse (hôtel de Mons, rue de Bernières), il s'était formé au commencement du dernier siècle une réunion de gens de lettres, sous le nom de société de *Thélémites*. Chaque membre était obligé d'y lire quelque ouvrage de sa façon qui réunit l'utile à l'agréable. Cette société avait pour maxime *liberté*, *docilité*, *politesse*, *union*, *secret*, et sur son sceau neuf abeilles, voltigeant autour d'un gazon de fleurs, avec la devise *per amœna vagamur*. C'était encore dans une autre rue de cette paroisse (rue de l'Angannerie), que demeurait le poëte Ségrais, chez lequel l'académie tint long-temps ses séances. On y voyait une belle galerie de portraits des principaux personnages de la cour de Louis XIV et dans le jardin une statue que le propriétaire avait fait ériger au poëte Malherbe, au-dessous de laquelle il avait fait graver ces vers.

> Malherbe, de la France éternel ornement.
> Pour rendre hommage à la demande...
> Ségrais, enchanté de sa gloire,
> Fit ... ce monument

(1) Cette tour appelée la Campanile, est ronde, bâtie en marbre, et formée de sept rangs de colonnes ; sa hauteur est de 90 pieds et son inclinaison de 13.

(2) *Origines de Caen*, page 200.

(3) Particulièrement dans le préliminaire.

ÉGLISE PAROISSIALE DE SAINT-ÉTIENNE-LE-VIEIL. — DE NOTRE-
DAME DE SAINT-GILLES. — ANCIEN HOPITAL DE L'HOTEL-DIÉU
ET QUELQUES AUTRES ÉGLISES DES ENVIRONS DE CAEN.

Les monuments religieux que nous venons de décrire ne sont pas les
seuls que renferme la ville de Caen; il y en existe beaucoup d'autres
moins importants, qui cependant ne sont point sans intérêt pour l'historien ou pour l'artiste; mais forcés de restreindre le nombre de nos
dessins et l'étendue des descriptions, pour ne pas donner à ce recueil un
cadre immense qui serait nécessaire s'il entrait dans notre plan de faire
connaître en détail jusqu'au moindre édifice de ce genre, nous nous
bornerons à les indiquer au curieux, en consacrant seulement à chacun
une courte notice.

L'Église de Saint-Étienne-le-Vieux, placée à l'extrémité de la rue du
collége du mont, vers le sud de l'ancienne ville de Caen, est une de celles
dont la fondation est la plus ancienne, soit qu'elle remonte, suivant l'o-
pinion de M. Huet (1), à l'origine même de la ville, soit que, selon
M. l'abbé de la Rue, elle soit postérieure (2); et déja on la nommait
Saint-Étienne-le-Vieux au temps du duc Guillaume, lorsque ce prince fit
passer dans le cimetière de cette paroisse les fortifications qu'il fit construire. Il n'existe aucune notion sur l'église primitive, et fort peu
sur l'église actuelle qui présente plusieurs reconstructions. Placée près
des murs, elle fut plusieurs fois ruinée dans les siéges que la ville eut
à souffrir, et particulièrement pendant celui qu'elle soutint contre
Henri V, dont l'artillerie, placée dans une des tours de l'abbaye voisine,

(1) Origines de la ville de Caen, pag. 184 et suiv.
(2) Essais historiques, tome I, page 221.

la détruisit presque en entier (1). Le chœur, la croisée et le clocher paraissent avoir été construits dans le XIVe siècle. La nef fut rebâtie vers la fin du XVe par les soins de Hugues Bureau, seigneur de Giberville et lieutenant-général du bailli de Caen, dont on voit encore les armes à la voûte de la nef, et anciennement à une des vitres du côté du midi. L'intérieur, transformé en écurie militaire et divisé par des cloisons et des planchers, offre à peine aujourd'hui quelques vestiges de son état primitif. L'extérieur, mieux conservé, forme, du côté de la nouvelle place du palais de justice, une jolie fabrique et un coup d'œil très-agréable (pl. 27). On remarque sur un des piliers butants au dehors du chœur un bas-relief que M. de Bras décrit ainsi : « A l'endroit du chœur par « le dehors sont élevés en bosse le duc de Normandie Guillaume le Con- « quérant à cheval, comme s'il faisait son entrée dans la ville, et sous les « pieds de son cheval les représentations d'un jeune homme mort, et « d'un autre homme et femme à genou qui est une antiquité de grande « remarque, dont je ne puis donner d'histoire certaine ». Il est probable que cette sculpture avait rapport à quelque trait d'histoire ou à quelque personnage tout autre que Guillaume dont la tradition était déjà perdue au temps de notre historien, et sur laquelle l'état actuel de vétusté du bas-relief où l'on trouve à peine quelques traces informes de la principale figure, ne peut nous fournir aucune lumière, pas même l'écusson armorié, placé immédiatement au-dessous et qui n'est pas plus lisible (pl. 27).

L'Église de Notre-Dame, placée à l'angle de la rue Froide et de la grande rue Saint-Pierre, est encore une de celles dont l'origine est peu connue et attribuée à Saint-Regnobert. La construction de l'édifice actuel indique le passage de différents siècles, et n'offre de remarquable à l'extérieur qu'un fort beau clocher terminé en pyramide ou flèche dans le goût de celui de l'église de Saint-Pierre, et le chevet du chœur, bâti dans le XVIe siècle, enrichi d'une grande quantité de sculptures d'un travail minutieux. L'intérieur, dont le plan est fort irrégulier, est composé de deux nefs parallèles et de plusieurs chapelles ornées de ma-

_____
(1) Voyez ci-dessus, page 57.

dones, objets d'une vénération particulière. Quelques fragments de vitraux, remarquables par la composition et par l'état des couleurs, attestent leur ancienne magnificence et font regretter plus vivement la perte irréparable de ces monuments d'un art admirable presque inconnu aujourd'hui.

L'Église de Saint-Gilles, dans le faubourg de ce nom, près de l'abbaye de Sainte-Trinité, bâtie dans le XIe siècle par le duc Guillaume et Mathilde, ne fut d'abord qu'une chapelle en l'honneur des reliques de Saint-Gilles qui y étaient déposées, et ne fut érigée en paroisse qu'en 1082. La nef de cette église offre encore presqu'en son entier le style du temps, c'est-à-dire l'architecture à plein cintre; c'était la première église. Le chœur, d'une forme assez élégante, n'a été construit que dans le XVe siècle par un architecte de Caen, nommé Blaise Leprêtre. Les habitants de cette paroisse étaient obligés à la garde de jour et de nuit des fortifications de l'abbaye, ce qui dura jusqu'à l'époque où ces fortifications furent détruites. Le quartier Saint-Gilles, à cause de sa position riante et salubre, fut long-temps habité par les personnages les plus riches et les plus marquants de la ville, et l'on y trouve encore une grande quantité d'anciens manoirs et de maisons de plaisance qui ont conservé quelques restes de leur ancienne somptuosité.

L'ancien Hôpital de l'Hôtel-Dieu, situé à l'entrée de la rue Saint-Jean, près le pont de Vancelles, est un édifice assez curieux (pl. 28). Il consiste principalement en un vaste bâtiment, distribué en plusieurs salles et terminé au nord et au sud par deux pignons immenses en hauteur et en largeur et dont on trouve peu d'exemples. Celui du côté du midi, qui est le plus remarquable, est percé à différents étages de petites fenêtres très-étroites pressées les unes contre les autres, la plupart terminées en ogives quoiqu'elles paraissent avoir été originairement cintrées. La partie inférieure offre une porte en ogives très-surbaissés dont les voussoirs sont ornés de zig-zags et de denticules dans le genre saxon, et doit être considérée comme un exemple très-remarquable d'une particularité du style de transition ou mixte de la troisième époque de l'art. Ce monument qui menace ruine doit être démoli incessamment depuis la translation de l'hôpital dans l'ancienne abbaye Sainte-Trinité.

L'Église de la paroisse et du faubourg Vaucelles, sur la rive gauche de l'Orne, bâtie sur une élévation, domine au loin d'une manière pittoresque, et réunit à de certaines parties très-anciennes d'autres tout-à-fait modernes. Elle a conservé une tour placée latéralement à l'extérieur qui appartenait à la primitive église; elle est carrée, surmontée d'un toit pyramidal en pierre, et présente, dans la disposition et les ornements des cintres, le style gallo-saxon du X° et XI° siècles.

Dans la plupart des villages qui avoisinent la ville de Caen les églises offrent aussi quelques restes d'architecture du XI° siècle, mais sans particularités remarquables; de ce nombre cependant la tour du village d'Allemagne mérite seule d'être citée; placée au centre de la croisée de l'église elle est comme celle de Vaucelles carrée et surmontée d'un toit pyramidal en pierre, mais elle est ornée sur chaque face d'un rang de petites colonnes engagées au mur dont les chapiteaux supportent des arcs à bâtons rompus ou zig-zags multipliés qui s'entrelacent et forment au point de leur intersection autant de petites ogives. On doit y voir encore une des variétés du style de ce temps, plus bizarre peut-être qu'agréable, mais dont on trouve aujourd'hui peu d'exemples en France. Ce serait une erreur de croire que l'on doit attribuer à cette singularité l'introduction de l'arc ogive *en Normandie*, comme quelques personnes l'affirment. L'ogive se compose sans doute géométralement de deux sections de cintres; mais les peuples du nord, les Indiens, les Égyptiens et même les Romains ont construit des ogives bien avant qu'on eût imaginé d'orner les édifices de cintres entrelacés et en forme de festons ou d'arcs enjambants les uns sur les autres, dont le but principal était moins de produire une ogive qu'une imitation de voûtes naturelles formées par les rameaux entrelacés des arbres de forêts, imitation empruntée à une architecture née dans le nord, et que les architectes d'alors mêlaient sans discernement aux lourdes masses des constructions lombardes, opinion que nous développerons plus amplement dans notre traité sur l'architecture des différents siècles du moyen âge.

Enfin, nous indiquerons encore L'ÉGLISE DE L'ANCIENNE ABBAYE D'ARDENNES, à l'est de la ville de Caen, moins recommandable peut-être par les observations que peut fournir son architecture que par la légèreté et l'élégance du vaisseau composé d'une seule nef sans croisillon, et flanquée aux quatre coins de petites tourelles d'un effet agréable ; on doit la regarder comme un joli échantillon des constructions du second ordre, des XIIIe et XIVe siècles. L'intérieur, entièrement ruiné, sert actuellement de grange, et n'a de remarquable qu'une certaine élévation et un bel ensemble de proportion. Cette abbaye, fondée en 1121 par un bourgeois de Caen, et qui fut long-temps en vénération par la conduite régulière, la science et la bienfaisance des religieux, a éprouvé de fréquents malheurs. Un jour la voûte du chœur s'écroula tout-à-coup, écrasa l'abbé et vingt-cinq religieux qui célébraient l'office de la nuit ; elle fut aussi souvent ravagée pendant les guerres, et les moines réduits à la nécessité de se réfugier à Caen en laissant leur maison déserte. Elle est aujourd'hui une propriété particulière.

HOTELS, MANOIRS, MAISONS EN BOIS ET FRAGMENTS DIVERS D'ARCHITECTURE ET DE SCULPTURE.

Si nous avons vu pendant une longue suite de siècles des princes illustres, des personnages de distinction et les habitants eux-mêmes de la ville de Caen signaler leur piété et leur civisme en élevant des temples superbes et des monuments publics qui ont attaché quelque gloire au nom de leurs fondateurs; plusieurs d'entre eux bâtirent aussi pour eux-mêmes des hôtels magnifiques, de riches manoirs qui, en leur procurant une demeure agréable ou digne de leur rang, contribuaient aussi à l'ornement de la ville, et nous fourniraient aujourd'hui des observations précieuses sur l'architecture civile du moyen âge si ces édifices avaient eu la durée des autres monuments; mais plus sujets à l'inconstance de la mode ou aux mutations de propriété, des goûts nouveaux ou des intérêts privés en ont détruit ou mutilé un grand nombre, et il serait difficile de trouver à Caen des vestiges ou peu apparents de ces maisons particulières antérieures au XVe siècle. L'époque de la renaissance fut la plus brillante et la plus féconde en ce genre; chacun voulut imiter la magnificence des souverains, et l'on vit s'élever à l'envi dans les campagnes et dans les villes un grand nombre de constructions élégantes ornées de statues, de colonnes, de péristyles, d'arabesques et de tourelles à jour; le bois ou la pierre y furent indistinctement employés, selon la fortune ou le goût des propriétaires ou le plus ou moins d'abondance de ces matériaux. C'est de ce temps seulement que datent ceux que l'on trouve encore à Caen, non point dans leur état primitif de splendeur, mais à demi ruinés, défigurés par des démolitions partielles, de modernes additions, et souvent abandonnés à quelque ignoble usage; tels sont ceux que nous allons décrire succinctement ou seulement indiquer, si leur peu d'importance l'exige.

ANCIEN HOTEL LE VALOIS, DEPUIS HOTEL-DE-VILLE, AUJOURD'HUI
LA BOURSE.

Cet hôtel, situé sur la place Saint-Pierre, vis-à-vis la façade méridionale de l'église, est un des plus magnifiques de tous ceux qui furent
élevés à Caen. Il est composé de quatre corps de logis, dont trois seulement méritent quelque attention. Le premier, qui forme presqu'à lui seul
un des côtés de la place, est décoré d'ordres composés et d'une porte d'entrée voûtée, anciennement surmontée d'un très-beau bas-relief représentant un sujet de l'histoire sainte, mais qui a été détruit ainsi que la plus
grande partie des ornements des croisées et de la corniche. Le second,
parallèle à celui-ci, occupe le fond de la cour, et est divisé en trois pavillons également ornés d'ordre corinthien. Celui du milieu est surmonté
d'un toit fort élevé et d'une fenêtre en lucarne, richement décorée d'arcades, de colonnes et d'entablements dans le goût du temps; à droite de
ce pavillon, on trouve l'entrée principale sous un péristyle ouvert, formé
de deux arcades, qui conduit à un escalier construit en spirale, couronné
à l'extérieur de deux lanternes à jour d'une grande élégance qui dominent
l'édifice d'une manière très-pittoresque, et rappellent à quelques égards
les charmants détails du fameux château de Chambord. Le troisième enfin,
qui forme le côté droit de la cour et vient se réunir en retour d'équerre
au premier bâtiment, est remarquable par la beauté des sculptures et
des ornements qui enrichissent les trumeaux des fenêtres; la partie inférieure de ces trumeaux offre deux niches avec chambranle, à colonnes dans
lesquelles sont placées deux statues d'un bon style et de forte proportion,
représentant le jeune David tenant la tête de Goliath, et l'intrépide Judith
avec la tête d'Holopherne; dans la partie supérieure des écussons ar-
moiriés sont soutenus par des nymphes et des génies, et surmontés de
trophées ingénieusement ajustés; le tout enrichi de lucarnes pyrami-
dales terminées par des vases. Enfin, on voit encore sur le reste des

murs de jolis médaillons et des têtes en relief de personnages historiques ou fabuleux.

Ce riche édifice fut bâti en 1538 par le sieur Nicolas Le Valois, seigneur d'Écoville, qui y employa des architectes et des sculpteurs florentins. Il passa depuis en la possession d'un homme érudit, poëte et plein de zèle pour le progrès des sciences, M. Moisant de Brieux, qui en fit un lieu de réunion, où s'assemblaient chaque semaine les savants et les littérateurs les plus distingués, et y fonda ainsi la première académie (1). En 1733, la ville en fit l'acquisition des héritiers de M. de Brieux,

(1) M. Huet, un des fondateurs et un des membres les plus distingués de cette société, raconte ainsi qu'il suit la naissance de l'académie de Caen : « Elle fut, dit-il, « l'ouvrage du hasard. C'était une vieille coutume à Caen, comme dans la plupart des « autres villes anciennes, que les honnêtes gens sans emploi s'assemblassent en quelque « place de la ville, pour se voir et s'entretenir des affaires publiques et des leurs par- « ticulières. Caen a retenu constamment cet usage de temps immémorial, et le car- « refour de Saint-Pierre a toujours été le lieu de ce rendez-vous. Le concours y était « plus grand le lundi, jour auquel la poste, qui depuis est devenue plus fréquente, « apportait les lettres du dehors et la Gazette. Plusieurs personnes curieuses se trou- « vant dans cette place pour avoir le plaisir de cette lecture, et la rigueur du temps « les incommodant quelquefois, M. de Brieux leur offrit sa maison située dans la « même place ; on l'accepta, et la commodité du lieu faisait qu'après la lecture de la « Gazette et le débit des nouvelles on passait volontiers à des conversations savantes, « au grand plaisir et même au profit des assistants. On résolut d'en faire une compa- « gnie réglée ; on prit les permissions nécessaires vis-à-vis des supérieurs ; le lieu fut « fixé dans cette même maison de M. de Brieux, et le temps fut marqué au lundi « soir, depuis cinq heures jusqu'à sept. Cet établissement se fit en l'année 1652. On « doit dire en l'honneur de cette académie, qu'elle était composée alors de sujets si « éminents dans les lettres, qu'il eût été malaisé de trouver dans aucune des acadé- « mies du royaume et de celles d'Italie tant de personnages illustres par leur savoir. »

Nous citons avec d'autant plus de plaisir cet éloge qui n'a point vielli, que nous avons nous même un tribut de reconnaissance à payer à MM. les membres actuels de cette Académie, pour la part qu'ils ont bien voulu prendre à l'exécution et au succès de cet ouvrage ; nous aimons à le redire, nous devons beaucoup à leurs utiles encouragements, à leurs recommandations, et aux documents qu'ils nous ont communiqués ; et nous sommes heureux d'espérer qu'ils trouveront dans nos efforts le vif désir de répondre à leur bien-veillance, et de mériter le titre par lequel ils ont bien voulu nous associer à leurs travaux.

et y établit l'hôtel-de-ville, transféré depuis 1793 dans l'ancien séminaire, place Royale. Aujourd'hui cet hôtel est presque abandonné et l'intérieur est loué à divers particuliers, à l'exception d'une grande salle qui n'offre plus que des murs délabrés, réservée pour les assemblées des négociants, le tribunal de commerce et quelques autres réunions publiques.

HOTEL D'ÉTIENNE DUVAL. — COUR DE L'ANCIENNE HALLE.

Ce qui nous reste de cet édifice (pl. 30) n'est qu'un joli fragment qui serait plus intéressant pour l'art s'il était mieux conservé et moins défiguré par les masures qui l'environnent. Il fut bâti vers la même époque que l'hôtel Le Vallois, et présente à peu de chose près le même style; mais, en considérant ces vestiges et leur triste état d'abandon, qui pourrait ne pas regretter de n'y rien trouver qui indique que ce fut la demeure d'un des citoyens les plus recommandables qui ait honoré la ville de Caen? Avec quel plaisir s'arrêteraient devant ce lieu ceux qui dans la contemplation des monuments, n'y cherchent pas seulement des dates et des lignes, mais encore ces émotions vives, ces impressions morales qui naissent des souvenirs que l'histoire y attache! et si l'on a cru devoir inscrire en lettres d'or le nom d'un peintre ou d'un poète célèbre sur le frontispice de la maison qu'il habita, ne serait-il pas plus juste encore, plus utile à la morale publique, de rendre cet honneur à la mémoire de l'homme généreux, du citoyen intègre qui consacra à l'utilité de ses compatriotes son pouvoir, sa fortune et son industrie? Tel fut Étienne Duval, dont le nom, comme celui de tant de gens de bien, voué de nos jours à un ingrat oubli, méritait de trouver dans un des historiens les plus recommandables de la ville de Caen un éloquent panégyriste. Des traits de cette espèce ajoutent un intérêt trop puissant à la vue et aux descriptions des monuments, et nous avons trop rarement l'occasion d'en relater de semblables, pour ne pas joindre ici en entier cet éloge que nous transcrivons littéralement dans la note ci-dessous (1).

(1) Cet homme, par son seul génie, devint le plus riche des habitants de la ville de Caen. Son commerce avec le Nouveau-Monde et l'Afrique l'enrichit tellement, qu'il

HÔTEL DES MONNAIES

Cette jolie fabrique, que l'on trouve à très-peu de distance de l'hôtel d'Etienne Duval et dans le même emplacement, nous a été désigné comme un reste de l'ancien hôtel des monnaies, qui s'étendait auparavant jusque sur la grande rue Saint-Pierre; l'on voit dans cet endroit que l'on nomme *Cour de l'ancienne halle*, beaucoup de parties d'anciens édifices, dont on ignore l'usage primitif, et sur lesquels, comme sur celui-ci, nous n'avons pu recueillir que des renseignements fort incertains. La ville de Caen obtint du roi, en 1550, le privilège d'une chambre des monnaies, et cet établissement fut supprimé avec plusieurs autres du royaume en 1700. Les pièces avaient pour marque une croix et la lettre C, signes que nous retrouvons sur un petit écusson sculpté sur le mur. L'édifice représenté ici (pl. 3) fut bâti vers 1535. La disposition des petites tourelles qui l'accompagnent lui donne un aspect très-pittoresque. On remarque principalement celle du milieu, construite en encorbellement,

laissa à sa mort un mobilier de soixante cent d'or, et un revenu de 3,000 livres en fonds de terre, valant plus de cinquante francs de notre monnaie actuelle. Le commerce des blés qu'il tirait principalement de Barbarie, fut une des principales branches de son négoce; elle le servit si utilement, que François Ier, dans ses guerres contre Charles-Quint, le chargea du ravitaillement de ses places fortes; et sous Henri II, il eut garnit de vivres si abondants la ville de Metz, que l'empereur fut obligé d'en lever le siège. Des services aussi importants méritèrent que le roi, le 14 mai, anoblit sans honoras le négociant qui les rendait; il le nomma ensuite receveur-général des états de Normandie. Enfin, tandis que la jalousie essaya avec peine les hommes illustres dans son intégrité aux premiers rangs, le souverain la confondait en comblant de bienfaits un citoyen qui en était d'autant plus digne qu'il fut toujours simple et modeste au milieu des honneurs et des richesses.

Mais Etienne Duval, utile à tout le royaume par ses services, le fut particulièrement à la ville de Caen; il entrava ses premiers les prix de marché, et vendant toujours son blé au-dessous du prix courant, et empêchant la cupidité de léser l'acheteur de sa juste valeur. Il encouragea encore les sciences et les arts, et fonda des prix pour exciter l'émulation parmi les jeunes poètes. (*Essais historiques.*)

décorée de pilastres, de médaillons à figures, et couverte en dôme surmonté d'une lanterne légère que termine agréablement une petite statue.

MAISON MALHERBE.

Cette maison, située au carrefour appelé anciennement Carrefour de la
Belle-Croix, et aujourd'hui place Malherbe, est fort simple et de mauvais
style. Bâtie en 1582, elle appartient à une époque où il s'était déja in
troduit dans l'art un goût bizarre d'ornements et de construction qui
caractérisait une funeste décadence; mais, si nous plaçons ici une description et un dessin de cette modeste habitation (pl. 31), ce n'est pas seulement comme type d'une époque de l'art, mais encore parce qu'elle est
regardée comme le berceau de François Malherbe, dont le nom éminem-
ment historique suffit pour rappeler les titres glorieux qu'il a acquis sur
le Parnasse français, par tout ce que lui doivent les belles-lettres et surtout
la poésie. L'académie de la ville de Caen, par un sentiment juste de reconnaissance et d'admiration, a fait décorer cet édifice d'une inscription
gravée sur le marbre, qui constate ce fait et en est le plus bel ornement.

On lit sur la partie la plus élevée des lucarnes de cette maison, les deux
inscriptions suivantes; sur l'une :

FRANCISCUS MALHERBUS

HASCE ÆDES EXTRUI CURAVIT.

1582.

Sur l'autre :

CIVITATIS ORNAMENTO

LARIUM QUE AVTTORUM

MEMORIÆ

Quelques personnes ont prétendu que, la date de cette inscription étant
postérieure à celle que les historiens assignent à la naissance de Malherbe,
ce poète n'est point né dans cette maison; cette objection peut être facilement détruite, d'abord en ce qu'il serait possible que l'époque de la
naissance de Malherbe indiquée par les biographes ne fût pas très-exacte,
comme cela a été prouvé dernièrement pour celle de la naissance de Mo-

lière; enfin par les termes même de la deuxième inscription, *lariumque aviorum memoriæ*, *en mémoire du berceau de ses ancêtres*, qui indiquent évidemment que cette maison aura été reconstruite, et aura remplacé une plus ancienne où habitait depuis long-temps la famille Malherbe.

C'est ici l'occasion de citer la médaille en bronze, et la belle édition des œuvres du premier poëte français due aux soins de M. Lair, conseiller de préfecture et membre de plusieurs Académies, dont le zèle est infatigable lorsqu'il s'agit d'honorer son pays, d'encourager les arts, et d'être utile à ses concitoyens; combien nous aurions désiré rendre pour notre compte un témoignage plus authentique de notre gratitude, si nous n'avions craint de blesser sa modestie, et si tout ce que nous aurions pu dire n'avait pas été mille fois répété par tous ceux qui ont visité cet aimable philanthrope, dont la plus douce occupation, pour me servir de ses propres expressions, est d'établir entre les hommes des relations amicales ou scientifiques!

MANOIR DE NOLLENT, DIT LA MAISON DES GENS D'ARMES

Autre fragment d'un édifice singulier, situé à l'extrémité du faubourg Saint-Gilles sur la route de Caen, bâti, comme lieu de plaisance, par Gérard de Nollent, seigneur de Saint-Contest, sous le règne de Louis XII. Un mur crénelé et deux tours à plate-forme avec des fenêtres grillées qui figurent en petit un castel fortifié, sont tout ce qui reste d'un apanage sans doute plus considérable, déjà connu dans le XIV° siècle sous le titre de manoir de la Talbotière ou de Couvre-chef, du nom des familles qui le possédaient. L'architecte, en donnant à cet édifice l'aspect guerrier, n'en a point exclu les ornements; outre le chambranle décoré d'arabesques et des armoiries de Nollent, de la fenêtre de la grande tour, on remarque sur les murs un grand nombre de médaillons, offrant en relief des figures d'empereurs et de divers personnages historiques avec des devises. Mais ce qui paraît plus extraordinaire, ce sont deux statues en pierre, placées sur la plate-forme de cette tour, représentant des soldats ou gens d'armes dans une attitude menaçante. L'un est armé d'un arc, et l'autre d'une hallebarde, et paraissent vouloir défendre l'approche du logis. Cette singularité a fait donner au manoir le nom de Maison des gens d'armes, et est toujours indiquée aux étrangers comme un objet très-curieux (pl. 32).

MAISONS EN BOIS

On a remarqué que presque toutes les villes anciennes du nord de la France et de l'Europe étaient bâties en bois; soit que la grande quantité de forêts qui existait alors rendît le bois plus commun et moins coûteux que la pierre; soit que les carrières de pierre, moins nombreuses qu'aujourd'hui, ne fussent pas aussi bien exploitées, ou qu'elles ne le fussent pas au profit de tous les particuliers; soit enfin que ce fût un goût particulier ou un usage dont on ignore le motif et l'origine. Mais il est certain que cette coutume a duré chez nous jusqu'à la fin du XVIe siècle. Une ordonnance des états de Blois défendit à cette époque cette manière de bâtir, non-seulement parce qu'elle offrait un aliment aux incendies, mais encore parce qu'elle favorisait l'usage des saillies sur les rues, qui, en les rétrécissant, interceptaient l'air et la lumière, et les rendaient insalubres. Mais cette ordonnance fut mal exécutée; on construisit depuis en bois, et cela se pratique encore en beaucoup d'endroits. Ces maisons avaient aussi leur luxe et leurs ornements, selon le siècle auquel elles appartenaient, et quelques-unes sont de véritables chefs-d'œuvre de sculpture et d'architecture. On en trouve peu aujourd'hui à Caen de cette espèce; mais ce que l'on y voit indique qu'il dut y en avoir de fort belles. Nous ne citerons ici que celles de la grande rue Saint-Pierre, près de l'ancienne halle; elles sont contiguës, et présentent deux pignons sur la rue; toutes les poutres sont ornées de sculptures gothiques d'un travail assez délicat. Une autre, rue de Geole, au coin d'une petite rue appelée autrefois la Venelle-Quatrans : cette maison (pl. 33) offre sur la rue de Geole une longue façade construite à compartiments réguliers et en beau bois d'échantillon, mais sans ornements; l'intérieur de la cour est assez remarquable, surtout par une tour en pierre octogone dans les trois quarts de sa hauteur, dont le sommet offre des angles saillants en encorbellement. Cette maison, que nous croyons du XIV° siècle, fut un ancien manoir qui appartenait en 1440 à une famille appelée Quatrans, qui a donné son nom à la petite rue voisine. Enfin, à l'angle de la rue des Quais et de la rue Saint-Jean, on trouve encore une maison en bois (pl. 34), dont il ne reste plus que le premier étage, élevée sur un rez-de-chaussée en pierre qui a été défiguré pour faire des boutiques. Cet étage est composé d'une série de petits pilastres ornés d'arabesques et de médaillons, représentant des saints du Nouveau Testament; le tout élevé sur un socle ou soubassement divisé en quatre compartiments par autant de piédestaux sur lesquels sont sculptées en pied des figures de petite proportion, des Vertus et autres personnages allégoriques religieux. Les panneaux du milieu, subdivisés aussi en forme de croix, sont ornés de rosaces et de rinceaux. Cet édifice présentait deux façades semblables, une sur la rue des Quais, et l'autre sur la rue Saint-Jean; il appartenait sans doute à une communauté religieuse, sur laquelle nous n'avons aucun renseignement positif.

FRAGMENTS.

Enfin pour ne rien omettre de ce qui peut intéresser l'œil de l'artiste ou des curieux, nous indiquerons encore, au nombre de quelques fragments épars, une cheminée du XVI° siècle en bois sculpté, (pl. 35); dans une maison de la rue Saint-Jean appartenante à M. Le Jeune négociant, quelques restes d'un ancien manoir, rue des Capucines, enfin, un joli petit relief représentant une Cléopâtre au-dessus d'une porte dans la cour d'une maison rue du Vaugueux, maison que l'on assure avoir été celle de l'architecte qui a bâti le chevet de l'église Saint-Pierre (pl. 36).

+ villo ... iacec bre pacry ... mons marra
ista mow pracie op ... bue poia x pe noi

Pl. XX

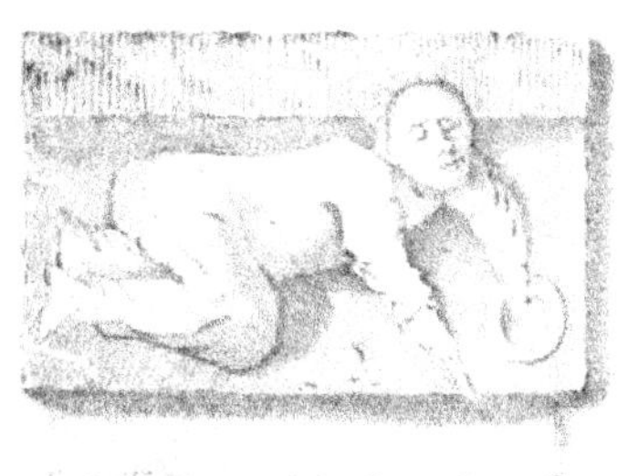

Chapiteau d'un Pilier de la Nef.

Médaillon sculpté sur un pilier de la nouvelle
tour à coté de l'église.